18m22の光

砲丸投に人生をかけた森 千夏

山田 良純

南々社

18m22の光

もくじ

装幀／スタジオ ギブ
本文ＤＴＰ／濱先貴之（Ｍ－ＡＲＴＳ）
編集／石浜圭太

二〇〇四年のアテネ五輪に女子砲丸投で出場した日本人選手がいた。
東京育ちの彼女はそのとき二十四歳だった。
三十、できれば四十まで競技を続けたい。
知っていただろうか。
四十歳になるはずだった二〇二〇年——東京でオリンピックが待っていることを。

序章

誰もが一度はこう思ったことがないだろうか。

なぜ、わざわざそんなスポーツをするのか――。

マイナー競技も世界への挑戦となると、選手は並外れた熱意と時間を注ぎ込まなくてはならない。世界レベルで活躍すれば、メディアが何がしかの秘話を掘り当て伝えはするのであろうが、常識ではやや理解のおよばない不可解さが見る者の邪魔をする。

砲丸投。

英語にするとショットプット。ショットは砲丸、プットは突き・押し。要するに重い砲丸を押し出し、距離を競うことを意味している。だが、いかんせん「突いたり、押したり」という運動なので、遠くてもせいぜい20mあたりにボンッと落ちる、言ってみればただそれだけである。押し出す、鉄球が放たれる、そこそこ近くに落ちる。いったいそれがどうしたというのか。

そんなマイナー中のマイナーともいえる砲丸投で世界を目指した一人のアスリートがいた。

名前は森千夏。

陸上を始めたときから「砲丸投でオリンピックに出る」と言い続けた。全国中学三位、高校三年でインターハイ優勝。だが、日本の砲丸投の歴史を変えるほど記録的に突出してはいない。身長一六八センチくらいというから、現代人としては並み外れて大きいという訳でもない。

それでも彼女は、世界に出ることを思った。やがて、これまで日本人がやってきたセオリーを覆し、世界に繋がる道を求めて何度も中国へ渡る。複数の選手が砲丸投で世界の歴代上位にいる中国は、近年においてアジアをリードしていた。

砲丸投は陸上競技全種目で、男女を問わず、日本人がオリンピックに出ることは不可能に近いとされた種目だった。一九六〇年代までは世界への切符が手を伸ばせば届く位置にあり、この時代に女子では二人のオリンピック選手が誕生している。世界記録は男女とも16mから17m台だった。

現在、女子砲丸投の世界記録は一九八八年に旧ソビエトの選手がマークした22m63。これに対し九〇年代までの日本記録は16m22。この時点で世界記録とは実に6m41もの開きがあり、この隔絶された記録の差こそ、世界には太刀打ちできないと評される理由であった。

しかし、ドーピング検査がより一層厳密に行われるようになり、世界トップレベルにある選手たちの記録はダウンする。20m台、時には19m台でも世界大会で優勝するレベルに落ち着いていった。それでも世界の壁は、動かしがたいものとして横たわっていた。

一九六二年に小保内聖子（一九六四年東京オリンピック代表）が15mを突破したのち、九〇年代終盤まで98センチしか更新していない日本女子砲丸投の記録。停滞するその状況を、森千夏はわずか四年ほどでそこから2mも伸ばし、18mにまで一気に押し上げた。

日本人として同種目で初めて世界選手権に出場。オリンピックには四十年ぶりの日本代表に名を連ねる。マイナーであろうとなかろうと、砲丸投は人生そのものだった。

世界に手が届いた同じ頃、断続的な発熱に悩まされるようになる。だが、病院の検査は極力避け、薬も飲まなかった。それは五輪への思いがあったからだ。処方薬を摂取することにより、ドーピング検査に予期せぬ反応が出ることを恐れた。何より代表選考での不利な材料になることを極度に警戒していた。オリンピックが終わり、すぐ入院したが疾患は見つからなかった。半年以上に渡り好不調を繰り返したため、精密検査を受ける。結果、下腹部に大きな影が見つかる。

両親と本人が承諾して手術に踏み切る。

しかし――。

センセーショナルで数奇な運命を辿った森千夏という選手を題材に、ルポを書いてみたいと思った。そして「砲丸投」という競技についても。

砲丸は重くて丸い鉄の塊である。歓声や熱狂とは縁遠い静なる競技。それが何であるのか、おそらく経験した人にしか理解しえないことなのだろう。

ただ、私には少しだけわかる気がしていた。それは学生時代、砲丸投を中心に生きていた一人の先輩が身近にいたからだ。

二〇〇〇年の夏、私はその先輩と、愛媛県の陸上競技場にある砲丸投のピットにいた。彼とは久々の再会だった。大学を卒業する前だから、かれこれ十年ものあいだ一切連絡をとっていなかったことになる。

連絡は事前に入れた。電話越しの声に、途絶えていた年月はなかった。彼はそのまま十年前の彼であり、大仰に笑いを織り交ぜる口調は昔とおなじ体育会系の男であった。

陽光がじめついた肌を容赦なく射ぬいてゆく。原色の空は強さに満ちていた。

赤いランパンの彼が、暑さに耐えかねTシャツを脱ぎ捨てる。三十代半ばに差し掛かるその肉体は下腹部にふっくらと脂肪をたくわえているが、隆起した上半身からは無数の汗が噴き出していた。

うえーい！――――野太い声とともに砲丸が宙を舞う。私は彼の砲丸投を初めて、こんなふうにまじまじと見た気がした。学生当時もこういうかたちで練習に立ち会ったことは一度もないかもしれないと思った。

一九八七年。初めて陸上部のグラウンドに顔を出したとき、一学年上の上級生に彼がいた。

「おお、広島か。俺と一緒じゃの」

彼は見るからに只者ではない顔つき体つきをしていて、私と同郷だと言った。それまで会ったことのないタイプの男だった。

日本インカレ常連だというその全身からは、生物としての強さとエネルギーが漲《みなぎ》り、100m先から歩いてくるだけですぐに彼だとわかるほどだった。だだっ広い学生食堂ではいつも、数人分のプレートを並べていた。ひと月に十万は食費に使うというその肉体は、見た目もそうだが実際にも常人離れしたパワーで、それは本物のプロレスラーを想起させた。

私は最初の一年を終えると、大会はおろか練習にもほとんど顔を出さず、アルバイトに明け暮れる幽霊部員となった。講義にしろ部活動にしろ、大学的なものに情熱を傾ける対象がなく、そういった面では芯に乏しく心の定まらない学生だった。学年も学部も違う彼とは細々とした交流は続いたが、しだいに隔りができていった。

その後の、惰性としか言いようのないキャンパスライフの中で、ふいに彼が現れることがあった。

アルバイト代をはたいて手に入れた黄色いナンバーの中古車を、私は当てもなく夜な夜な走らせた。そんなとき、ロードワークの彼と何度かすれちがった。ウインドウを流れていくその姿はどこか幻のようだった。

ゼミで遅くまで残り、日もとっぷりと暮れた頃に陸上グラウンドの脇を通りかかると、夜に沈む闇に、砲丸を投げる彼の姿を見つけた。通りすがりの学生たちには見えていないし、そこに人がいることすら気にも留めないだろう。

それもやはり幻のような光景だった。

私はほんの少し足を緩めて眺めた。まだそのことを、砲丸投をやっているということを――それが彼にとって、午前・午後と空いた時間に練習を重ねた延長であることは想像できた。

彼はそこにいったい何を、どんな世界を見ていたのだろう。

砲丸を頭上に掲げてグライドに移る影絵のような静寂に、私はなぜか孤独な悲しみさえも感じた。

頑然としたその揺るぎなさ。あの場所にいて未だ情熱を切らせていないということ。

生き方の基準のようなものを手の届く範疇に何ひとつ持てない私だが、かといって彼の姿を自分に置き換えたりはしなかった。しかし、ロードワークと、グラウンドに見た暗闇のシルエット――その世界に居続けているという何気ないその一瞬が記憶から取り除かれることはなかった。

あれから彼は弛《たゆ》むことなく倦《う》むことなく、いや、弛むことも倦むこともあったのかもしれないが、二十五歳を過ぎても三十歳を過ぎても、それでも、ずっとやっていたのである。砲丸投を。

太陽が天頂にのぼりきり、照り返すサークルで先輩はやはり投げ続けた。すでに熟練という形容の似合うそのスローイングはスタンディングが中心だったが、砲丸は十数メートル先まで心地よく飛んでいった。足のケガでグライドはできないと話していた。先輩はそれ以上の何かを語りはしなかった。この年の秋、十年続けて出場した日本選手権を最後に、彼は競技の一線を退いた。

ルポを書き進めるにあたり構成に頭を悩ませた。まず、森千夏の中学、高校、社会人と時系列に追うことを考えた。

森と接点を持った方々に、事の顛末や、彼女が語ったであろう言葉を拾い集める作業に、もちろん意味はある。しかしそれで競技者の心境にまで近づけるのだろうか。私にはそのイメージが持てなかった。そもそも森千夏はそれほどまでに、自己の内面を多く発語し、残しているものなのか。その取材に初めから少なからぬ疑問を持った。

一方、この競技の魅力はどこにあるのか。彼らをそこに留めるものは何か。それらについて実際に競技をやっていた選手たちに聞いてみたいという本音もあった。

男子ではあるが、日本人として初めて「18m」を突破した野口安忠。

七〇年代を中心に日本選手権で十連覇を果たした林香代子。

森千夏以外には日本で二人しかいない女子砲丸投のオリンピアン、松田靖子と小保内聖子。

日本を代表する歴代の砲丸投選手を取材し、森千夏本人の物語の間に挟み込んでみようと、そんなふうに方向性を決めた。育った環境や時代は少し違うかもしれない。しかし、何よりこの種目で、世界の入り口を見た数少ない人たちではないのかと思った。

実業団スズキの同期入社にして、一番の親友ともいわれた女子走幅跳日本記録保持者の池田久美子には、アスリートの友情に焦点をあてた。

それらの一つひとつは森千夏の実像をほのかに浮かび上がらせる小さなスポットライトのようでもあった。彼女の競技人生に先があったならば、その静なるマイナー競技の光を人々の心に灯したであろうか。

第1章　東京高校

1

ポロシャツの半袖から、手首まで伸びる赤いロングTシャツ。円盤投の会場準備を終えた小林隆雄が堂々とした足取りでやってくる。フィールドの芝とレンガ色のトラック。春の日差しを遮るテント下のベンチにゆったりと腰掛けるが、休んではいない。その眼はひっきりなしに何かを探し、陸上競技場全体を視界に収めている。日焼けした肌に丸刈り、眉間に深いしわ。大きな目は、実力校の指導者らしい厳しさを宿している。

小林は私立東京高校の体育教師である。一九八五年の赴任以来、陸上部の顧問、主に投擲コーチを務める。現在は高体連陸上競技の東京都総監督も兼ね、都内の高校生たちを統括する立場を担う。

一九六二年七月四日、東京都板橋区に生まれた。小一から始めた柔道は中学でも続けた。当時の中学柔道大会は個人戦がなく団体戦のみだったが、東京都の大会で個人の負けは一度もない。俊足を買われ、学校代表のリレー選手に借り出されたこともある。三年秋に出場した砲丸投は、東京都で二位。四キロの鉄球を13m向こうへ運んだが、それほど面白味は持てなかった。

高校では野球だと思っていた。当時は日大桜ヶ丘や日大二高が強く、進路相談でその話を出すと、担任の先生は小林が未経験なことで難色を示した。

自宅から一番近いという理由で選んだ日大豊山は、開通したばかりの地下鉄有楽町線で通学した。砲丸投で東京二位の逸材に、陸上部から声がかかる。二年からハンマー投でインターハイ連続出場。

三年の愛媛インターハイは、羽田空港から人生初の飛行機で四国まで遠征した。日大豊山からは一人きりだったが、入賞が狙える位置にいた。予選で三投ともファウルしたことはあまり記憶にない。泣くことを通り越して涙すら出せなかった。

インターハイにからむ教え子をみると、暑さのしみ込んだあの夏のやりきれなさが今でもよみがえる。

ところで小林は、初めてインターハイを決めた高二の南関東大会で、陸上では無名だった「東京高校」なる学校と、運命的な出会いをしている。遠征先の食堂で、四人がけの同じテーブルに見知らぬ高校の監督と選手がいた。それが東京高校陸上部監督の大村邦英と、やり投の石垣嘉積だった。挨拶のあと小林は、大村と少し言葉を交わした。石垣は同大会で上位に進出、同校陸上部初のインターハイ選手となる。一九七九年のことだった。

東京高校は、前身の上野塾創立が一八七二年と一四〇年を超える私立校。監督の大村が着任し、同時に陸上部顧問となった一九七三年、入江正之が砲丸投で13m半ばを飛ばして都内で好成績を収めた。全国へ進むにはトラックよりもフィールド、特に投擲が近道だと大村は直感した。その流れが石垣嘉積へと繋がった。

インターハイ初入賞は一九八七年。男子走高跳二年の内田猛樹が七位。内田は翌年優勝を果たす。のちにリレーが全国の決勝に残り、都内を中心に中学との連携で強化を進めた。

同校陸上部は一九八七年からインターハイ入賞の途切れた年は一度もなく、安定した成績を残している。高校の指導者は、選手の強化よりむしろケガや故障に悩むケースが多い。大村邦英はさまざまな研究と経験で、あらゆるケガに対応できるノウハウを身につけているという。

小林は日本大学でも陸上を続けた。四年で東京都の高校教員採用試験を受けたが、採用通知が届くことはなかった。「体育」は高倍率にして特に難関だった。卒業後、設備会社を運営する父親のあとを継ぐことを視野に、練馬区にある光が丘団地の現場で働いた。仕事の合間に母校の日大豊山でコーチをした。五月の東京都大会。広いスタンドの数あるベンチで偶然隣に居合わせたのが大村だった。

「大学を出ました。いまは就職せず日大豊山でコーチをやっています」

大村とはその場限りの挨拶だと思った。このとき東京高校はすでに総合優勝をめざしていた。ハンマー投の選手も三人エントリーしたが、優勝をさらったのは小林の指導した日大豊山の選手だった。

日盛りの八月。日大豊山の合宿先に母親から電話があった。東京高校の大村先生からの連絡で、体育科の教員を募集しているから面接に来てほしいということだった。急いで自宅へ戻り、翌日に面接を受けた。まずは非常勤講師という扱いではあったが、九月から念願の体育教師となった。

教師は夢だった。中学の体育教師、陸上や柔道の指導者など、これまで出会ったのは良い先生ばかりで、自分もこういう人たちになりたい、同じ道に進みたいと早くから決めていたという。

2

私は二〇一二年に東京都支部予選を取材した。いわゆる「インターハイ路線」の第一関門である。照葉樹にかこまれた大井埠頭中央海浜公園陸上競技場は、木々を揺らす風が春の匂いを運んでいた。

インターハイはスポーツをする高校生の主要大会だが、この年八十五名を選手登録した東京高校では出場できない部員もいる。各校とも一種目三名の出場制限が設けられているためである。女子１００ｍでは12秒4、5の選手は出場枠から落選する。これは、出場さえすれば南関東大会まで進めるハイレベルな記録である。

南風であることを会場入りした時点で知っている。その風が選手にもたらす影響や可能性を小林は考える。勝つためのさまざまなデータが頭に詰め込まれている。自校の部員たちのベスト記録はもちろんのこと、現在の実力、性格、他校の選手が持つ記録、用具の性質、時に親の経済状況などを踏まえ、部員に伝える言葉を選び出す。投擲のほかトラックに出場する選手たちも、試合の前後に必ず小林の元へとやってくる。

「おはようございます。お願いします」

直立した部員が小林の言葉を待つ。正対して送るアドバイスは、過不足なく端的にまとめられ、自身のいう「おやじギャグ」で締めくくる。

言葉が足りていない。もっと伝えるべきことがあるような気がしてならないと、長年心のどこかに抱えてきた。元々口数の少ないシャイな人間だった。学生時代もどちらかというと奥手で、同級生の女子には話しかけるどころか、目を合わせることすらできなかった。先輩に歌でも唄えと言われると何もできず、黙り込むしかなかった。

やり投の選手が練習を始める。小林はベンチに腰かけて見ている。

「ひでぇ助走だな」

笑顔の選手が小林に視線を向ける。すぐさま別の選手が助走に入る。

「最後クロス！　そう。足だけ出せばいいんだからね」

昔はそんなこと言わなかった——独りごとのように言う。生徒は敵だと思っていた。口よりも手が先に出てしまう小林に生徒は誰も話しかけてはこなかった。時代で括ることもできるが、実力校となった今とは部員の自覚も違う。当時は気を抜けず、目を離すと陰でタバコを吸っていたこともある。問題行動の抑制には親近感より距離感を選んだ。最後は力で抑えなければと思っていた。部員の喫煙があり、ヘビースモーカーだった大村と一緒に、小林もタバコをやめた。

大会の日は部員より早く会場にいる。日頃の時間帯より早いわけではなく生活のリズムが崩れることもない。首都圏で行われる大会では陸上部の卒業生がたくさんやってきて、大会運営や後輩をサポートする。コーチが連絡することもあるが、その多くは自主的に足を運んでくる。

「アキナ」

ベンチから小林の声が飛ぶ。

「はい」

「円盤が焼けちゃう」

テントの外で陽にあぶられたままの円盤用台車を玉村陽菜が日陰にしまう。東京都の高校総体で男女ともに優勝が指定席となっている同校だが、玉村が女子キャプテンだった二〇一〇年、女子総合十四連覇を逃した。サポートにまわった翌年、女子総合優勝を二年ぶりに取り返したとき、「これで私の役目は終わった」とさっぱりした表情を浮かべた。投擲選手だった玉村は、小林との縁も深い。卒業後も競技場にたびたび足を運び後輩の面倒をみている。ふいに小林が訊ねる。

「お前、森って知ってる？　森千夏」

「ええ。知ってます」

部員に森千夏の話はほとんどしない。言葉が足りていないという自戒にはそのことも含まれているのだろうか。森が東京高校で過ごした三年間は、小林自身の指導が変わり始めた頃だった。指導者主導で一方的にやっていたとき、そんな自分に最後は嫌気が差した。生徒はそれぞれ考え方もやり方も違う。そして何より自分の気持ちを聞いてくれる人間に信頼を寄せるのではないか。だが、指導観とその手法は一朝一夕に変われるはずもなく、生徒を寄せ付けない厳しさをまだ残していたという。

一九九三年、江戸川区にある清新二中の一年に良い選手がいると聞いた。それが森だった。

3

森千夏――限りある生涯に奇跡の花を咲かせた一人のアスリート。儚さとのコントラストがあまりにも極端であったがために、今も関係者の心を捉えて放さない。

一九八〇年五月二十日、森健次、かよ子の次女として千葉県東金市に生まれた。出生時は五十三センチ、三四五〇グラム。すぐに東京都江戸川区に移り住んだので東京都出身と紹介されることも多い。

三十九度の高熱に見舞われ、慌てて救急病院に運ばれたことがある。毛布にくるまれて行くと、「熱が上がってるんだから、熱を逃がすよう薄着にしないとダメでしょ」と両親は看護師に叱責された。病気といって思い当たるのはそれくらいしかない。保育園の頃より少し太り気味ではあったが、動作は速く、園内をいつも走り回っていた。同い年にダウン症の男の子がいた。おんぶで二階へ上がろうとしたとき自分が転び、その子にたんこぶを作ってしまった。森の両親が頭を下げると、相手方の母親は「いいのよ」と、逆に普通の子供と同じように接してくれるのが嬉しいと言った。

「お母さん、人をだましたらダメなんだよ」

人への疑念がないぶん、大人のつく些細な嘘が方便であっても気に掛かり、目ざとく注意する性格だったという。共働きの両親は子供にあまり構ってやれず、どちらかというと放任主義だった。子どもたちは自分でやりたいことを選んでいたが、お金のかかることは望まなかった。

肥満で動けなくならないよう、小学校で水泳を始めた。背泳ぎはまずまずだがバタフライは苦手で、水面を叩くと派手に水しぶきが上がり、あまり前には進めない。「ボートが上からダイビングしているような音がして、酷いものだった」と健次はそう話す。小学六年のとき、中学生の岩崎恭子がバルセロナ五輪で金メダルを取った。これが、後にオリンピックを目指すきっかけとなる。

江戸川区立清新第二中学校に入学。クラス担任の平塚芳則は学級開きのオリエンテーションで、窓側にいる森に目を止めた。五十音順の並びで、森は最後尾の座席だった。

「あっ、良いな、素直そうな子だなって。本当にこう、ひまわりのようなって言ったらいいんですかね。明るい大柄な子でした」

憎めないその顔立ちを平塚は「ペコちゃんを膨らませたような」とも形容する。

清新二中には指導に手を焼く生徒も少なからずいたという。教員にとって、当時の同校は敬遠したい学校の一つだったと言えるが、平塚はあえてここを希望した。学校のすぐ裏手にある江戸川陸上競技場が大きな理由だった。生徒指導のデメリットより、恵まれた環境で陸上をすることのほうが勝った。もし平塚のクラスでなかったら、森は陸上とは縁のない人生を送ったのかもしれない。出会いは人生の軌道を決定づけてしまうことがある。終礼のあと、女子グループにいる森に声をかけた。

「陸上どうなの」

「先生あの、水泳部、水泳部ありませんか」

「うちに水泳部はないよ。水泳やるなら陸上で身体を鍛えて高校でやったらいい」

一年目から短距離の練習を取り入れて毎日走り込んだが、ガタイに似合わず俊足だったという。専門種目を決める過程は個人の適性を踏まえつつ、生徒がその種目に飽きないよう進めていく。重く、ましてや手が汚れる砲丸を女子は嫌がる傾向にある。それでも「たまには砲丸でもやってみようか」と言葉をかけると、大抵の生徒たちは乗ってくる。

身体の大きさで予想されたが、森は初っ端から８ｍの中盤まで砲丸を運んだ。これならすぐ上の大会へ行けると太鼓判を押す平塚に「本当ですか」と笑みを返した。ただ、本格的に始めてからは浅はかな天狗が感じられたので、褒めそやすことに蓋をした。

平塚は当初、三種競技で育てたいと考えていた。だが、短距離走と投擲は得意でも、跳ぶことは敬遠気味なところがあった。身体が思うように浮かないのだという。

長距離はもっての外で、校内マラソンではどんなに頑張っても後半のほうだった。そもそも頑張る頑張らないの問題でもない。最初はトップを走っている。「ゆっくり走る」という自制は利かない。誰かに抜かれるとすぐ抜き返すが、結果的にバテ、ずるずると後退してしまう。トップじゃないと気がすまないのは保育園の徒競走あたりからで、いかんせん競争ごとに血潮が騒ぐのである。

森は言われたことがすぐにできない不器用な部員だった。そこで、十ある内容を十教えるのではなく、一つの事を一か月、それができたら次の段階に一か月。ワンステップに長めのスパンを要するが、素直に受け入れてやろうとする。そしてポイントを理解するたびに記録がグンと伸びていった。平塚は砲丸投の正しい基礎知識についてかなり把握していたとみられ、高校入学後も基本的なところは直す必要がなかったと東京高校の小林は述懐している。

クラスでは誰かが仲間外れになることも珍しくはなかった。他者への攻撃はこの年代に限ることでもないが、子どもは感情のコントロールが未熟なぶんだけ、不満の針を容赦なく相手に向けることがある。他人を苛めることで、いくぶんかのストレスを吐きだそうとする。仲間はずれのローテーションで、しょぼくれた森が一人じっと耐えていることもあった。

「先生、私は大丈夫。いろいろ言われてるけど平気です」

七五三のときに父・健次とともに

平静を装いつつ、隅っこで悄然と涙ぐんでいる。平塚にはどの生徒が何を言ったのかだいたい想像できた。そこには、陸上で目立つことによる妬みもあった。早く解決するため生徒を呼んで事情を聞いた。森千夏は嫌なことをされても反撃しないぶん、陸上を発散の場にしていた。

十一月に江戸川で行われた大会で11m90。一年生にして同年度の中学ランキング一〇九位に相当する好記録に、来年は「最低でも全国」というのが平塚の頭をよぎった。

東京高校を平成三年に卒業した高成和江（成城学園中学・高校教員）は、森が気軽に相談できた人物の一人である。今でも東京高校の練習や試合をサポートする機会が多い。

「あの大きい子、一年なんだよ」

どこかの先生がそう言ったのは、高成が成城学園中学陸上部を引率していたときだった。水泳をまだ引きずっていたこと、陸上はリレーをやりたくて始めたが、デカイから砲丸やれって言われて面白くなさそうだったことなど、森千夏と初めて出会ったときの記憶がある。当時、世田谷区の松沢中に遠藤瑠美子という東京都の一年で最速がいた。恐らく二年をも凌駕していた。スラッとした長身に整った顔立ちで、結構なスターだった。森は遠藤に惹かれ、陸上をやるとああいうふうになれるんだと思っている節が最初はあったという。

二年の区大会、１００ｍを13秒2という好タイムで優勝。ロングディスタンスは勝手が違うが、ショートは速い。この俊足は遺伝ではないようで、両親はじめ姉と兄も脚が速いほうではなかった。

投擲も俊敏にしてスピード感があり、腰の回転が良いと腕が出て飛距離が出る。力で強引に投げるというより、腰の回転とスピードをマッチさせて投げにつなげる。

森の練習ぶりに期待を寄せた平塚は、全国に行けたら投擲シューズをプレゼントすると約束を交わす。人参をぶら下げるとさらに頑張れるハングリー精神旺盛な生徒だった。だからといって自分から何かをねだるようなことはない。飴玉の一つでも満面笑顔の喜び上手だった。

東京都東部地区中学で12m93と前年度を1m上回る。平塚から真新しい投擲シューズを手渡されたのはこの頃だ。自宅に持ち帰ると、投擲シューズというものを両親は初めて知り、さらにそれが頂き物だと聞いて目を丸くした。

健次はタクシー運転手をしていたが余裕があるとはいえない経済状況。体調のすぐれないかよ子も働きに出ることはできなかった。

森の両親は東京都江戸川区の都営住宅に暮らしている。やや強面だが端々に人情肌の滲む父と、優しい語り口で取材にはとことん付き合ってくれそうな母。整えられた居間はいつしか時間を忘れ、座を離れがたい居心地に包まれている。一つ奥の間に森千夏の写真、そしてオリンピックで着用したブレザーが掛けられていた。子供はそれぞれ独立。長女の照代は自衛隊入隊後に結婚、現在は北海道富良野市に住む。長男・堂起は高等専門学校卒業後、都内の企業に就職した。

「好きなことを十分にやらせてあげたいっていうのは本音なんです。自分たちみたいにその日暮らしをやってる人間が、たまたま娘がそうやって出てきたときに、いろいろしてやれない。だから私が今でも思っているのは小林先生。本当、凄いお世話になったんです」

健次につづき、かよ子も同調する。

「小林先生がいなかったら千夏、あそこまでいかなかったんじゃないかと思ってます。平塚先生も靴をそうやって。千夏の周りにいた方がみんな良い人ばかりでした」

初の全中は札幌市厚別公園陸上競技場だった。決勝で調子を落とし12m27の十六位。砲丸投は競技日程の早い段階で終了したため、せっかくだから美味しいものでもと平塚は寿司屋を提案した。すると森は「ナマモノが苦手なので、競技場に行ってきます」と地下鉄を乗り継ぎ一人で練習に出かけていった。東京都で敵なしの強さも全国では惨敗。自宅に戻った時、顔には出さなくとも腹の中はぐつぐつと悔しさで煮えたぎっているのがわかったと健次はいう。

十月の東京都地区対抗では13m37と全中を1m10センチ上回る。翌月国立競技場で行われたジュニアオリンピックのCクラス（中学二年のみ）に13m24で優勝。初の全国タイトルを手にした。

平塚は競技に専念できる環境を整えた。二年に上がる学級編成会議で森千夏を自分のクラスに置き、森を攻撃する生徒をできるだけ離した。三年進級時のクラス替えはなかった。

平塚芳則とは江東区立大島中学校で会った。堅実な人物に見てとれるが、その眼にしばしば少年が宿る。森千夏がいた当時の清新二中で、平塚は校庭の隅に砲丸投のサークルを作った。あれほどの素質ある選手を、土ではなくコンクリートの上で練習させてあげたい一心だった。反対意見が出ると計画がぽしゃるので職員には伝えず、森を含む部員数人で秘密裏に事をすすめた。鋼鉄製サークル枠に砂利をしき、セメント、水、砂を撹拌して流す。左官技術はないが、近所の建築現場を見て手順を応用した。部員が質問するたびに「いいよ適当で」という言葉が繰り返された。予想に反してコンクリートが不足したものの、新たに購入して補った。

「手でこうやってしまったんでちょっと皮膚がね。これは子供たちにはやらせなかったんですよ」

最後の仕上げは素手でサークルを均《なら》したため、皮膚がボロボロになったと平塚はサークル作りの思い出を語る。「サークル完成」という既成事実を見届けた上で職員に報告を済ませた。

森は三年で東京都中学記録を塗り替える。七月の東京都中学校通信陸上で初の14m台をマーク。優勝候補に名乗りを上げた山梨の全中では14m03で三位。前日の公開練習一本目で15mを投げた。自己ベストは14m44だったので、これには本人も驚いた。注目されて気を良くするはずが、十五歳の森はそれがプレッシャーになった。考えすぎと力みで反省点の多い全中だった。

平塚芳則はこれまで幾人もの全国選手を育て上げた。男子110mハードルで日本中学新を記録した選手もいる。そんな陸上ひとすじの平塚も、オリンピックに森が出場したとき、指導熱が少し冷めてしまったという。自分の夢がそこで完結した気がした。管理職に移ったのはその頃だが、陸上を見るとやはり黙ってはいられず、二年目からは管理職にして陸上部を預かった。

「顧問の指導によってその子が生きてくる。大きな大会に出ることで違う人生に変わっていく訳ですね。子供の能力を見定めて伸ばしてあげる。陸上の分野では自分にもそれができると思っているので、子供をみるとやってあげたいなと」

平塚には、森千夏が進路を決めるとき印象に残っていることがある。東京高校ほか、千葉の成田高校からもスカウトを受けていた。成田高校は越川一紀(男子走高跳元日本記録保持者。モントリオールオリンピック代表）と岡野雄司（男子砲丸投元日本記録保持者）が二人で来校する熱の入れようだった。陸上界では名のある指導者直々の誘いであり、流れからすると成田に行くものだと平塚は思ったが、当の森に快諾する様子がない。

「どうする」

「私は東京へ行きます」

「どうして？　成田にはあんなに素晴らしい指導者がいて何で行かないの」

「私は、東京の人間ですから」

「――――」

「だから東京高校へ行きます」

自分が育った東京。千葉よりも「東京」の名を残したい、その競技レベルをもっと向上させたいという言葉は平塚を沈黙させた。同じようなことを家庭でも話していた。

中学二年あたりから面識のあった小林隆雄と森千夏が初めて行動を共にしたのは、進路を決める直前の福島国体。東京都代表の森を、投擲コーチとして小林が指導に当たった。陸上中学女子の東京都代表は森のほか、後に東京高校で一緒になる遠藤瑠美子、８００ｍで都の中学記録を作った宮崎千聖（東綾瀬）の三人だった。大学生や高校生はかなり大人に感じられ、三人でオドオドしていた。宿舎も三人だったが、あまり自分を出せない。自分を出すことができなくても、合宿定番のカレーにだけはチョコレートを入れて辛さレベルをマイナス5にしたのは甘党の森だった。少年女子砲丸投B（中学三年・高校一年）に出場し、一般と同じ四キロの砲丸で12m18。高校生相手に六位入賞した。

小林にとってはどうしても欲しい選手だった。森千夏の競技力もさることながら、チームとして勝利の連鎖ができつつあったからだ。

「始めることよりも続けることは簡単だし大切」

東京高校の選手が毎年一定水準の競技力を維持し、インターハイで連続入賞していることについて訊ねると、小林は指導者の鉄則をそんなふうに語る。力のある上級生に教われば、それを肌で感じて伸びていく。在校生のみならず多くの卒業生も足を運び、知識と経験が後輩へと受け継がれる。それが機能しているところにも東京高校の強さがある。

森が高一だった一九九六年。二学年上に砲丸投の芳村紘子、八木綾子、一学年上に円盤投の青木恵がいて、三人ともインターハイに出場。この年、鈴木怜が男子ハンマー投で七位。青木は五位となる。

小林は日大にもよく足を運び、小山裕三に指南を求めた。小林が生徒を連れて行くこともあれば、生徒だけのときもある。日本大学陸上部コーチ（現監督）を務める小山は、小林にとって大学の先輩でもある。

小山は小林にこんなことをいった。上級生で失敗しても下級生で成功する。芳村・八木・青木は力のある選手だが、指導で迷うこともあるだろう。だがその迷いや失敗の経験が下級生である森に必ず生かせる。森自身も先輩たちから学びとる部分が大きいだろうと。

ところで、森は中学時代から「私は砲丸投でオリンピックに出ます」と話していた。この件に関してはさすがの小林も「この子は何を言っているんだろう」と苦笑いを浮かべるしかなかった。

4

今の選手たちに、森千夏をはじめ過去の競技者たちの実力を求めても仕方ないし、求めるものでもない。素質や環境はそれぞれで、「努力が全て」という色眼鏡で見ると相手が置き去りにされる。努力で動かせるものと、決して動かせないものがある。背景の異なる人間が自分なりの精一杯を引き出すことを小林隆雄は願っている。砲丸投の試合前、小林は個々の事情を踏まえてミーティングをする。

「ここの支部で本気ベストを出して、誰かが一人弾けてくれると違う。とにかく元気よく試合やんなさい。わかったら赤いジャージはここの掃除、黄色いジャージは逆立ち100メートル」

部員が神妙に聞き入る空気は気詰りなのだろう。話を聞く態度、そもそも「話を聞いている」ことからしてずいぶん変わった。感情がすれ違い、ぶつかったとき、昔のように向かってくるワイルドなタイプなどいない。わずかに声を荒げるだけでシュンとなる部員も多い。そのことを嘆いてはいない。ただ、若者たちが繰り広げる不完全な感情の表れに、味のある物語がつくられていたのもまた事実だった。

森の学年を語るなら、個性的な生徒が多く、歴代でも仲の良さは際立っていたと小林はいう。

この代の女子陸上部はマネージャーを含め八人と、例年に比べて少ないのも結束を生んだ要因かもしれない。森と遠藤、キャプテンは沼田郁子、杉山あゆり、門間智穂、鈴木瑞穂、菊池早苗、マネージャーの

卒業式。人生を決める「砲丸投」に出会った中学時代だった

金井由美。三年生となった一九九八年には南関東大会で女子総合初優勝。香川の丸亀インターハイでは森による砲丸投優勝と遠藤の六位（同校初の女子トラック競技入賞）で、女子総合八位（同校初の女子総合入賞）を手にするなど、概ね「初めてづくし」だった。受け継がれたものを「初めて証明してみせる」というのはとびきり胸躍ることではある。

遠藤と金井は人文コース、その他はスポーツ推薦の体育コース、いわゆる「スポクラ」である。学業との両立を自分に課していた遠藤瑠美子は、学年でもトップクラスの生徒だった。スポーツ推薦ではなく一般推薦で受験し、さらに成績学年上位の特別クラスに入ることができた。遠藤は陸上のために同校へ進学したが、実は最後まで迷っていたという。進学の決め手となった一つの理由は有名デザイナーの制服で、当時としてはシャレたものだった。

入学当初、平成の世にありながら非合理な風潮も残っていた。グラウンドでレーキを掛けはじめるのはチャイムから一分以内。終礼前にはすでに制服の下に練習着を着てスタンバイし、チャイムと同時にグラウンドへ駆けていく。その様子を、人文コースの遠藤はいつも教室の窓から見ていた。

部室では、上級生からお達しがあった。室内での着替えは、畳のないタイル貼りのエリアのみ。シャワーは禁止なので汗を洗い流せず毎日汚れたまま帰宅した。

休日は九時に練習開始だが、七時半にはグラウンド整備を始める。レーキを掛けるところがなくなってもやり続けていなければならず、疲れて練習に影響が出る。だが、そんな不条理の闇に一筋の光を照らす朝が訪れるのだった。

「なんでこんなに早く来てるんだ」

聞きとがめる顧問としばらく話していた上級生が一年のところにやってくる。

「もうちょっと遅く来て」

不満丸だしのぶっきらぼうな口調でそう言った。他のしきたりも明るみとなるにつれ、負の慣習は緩やかになっていった。

遠藤たちには近寄り難く隔心をいだく上級生だが、森千夏にとっては違うように見えた。それは不思議な力だった。陸上部の同級生六人と、ハンドボール部で同じクラスだった及川栄子が東京高校に集まり当時を語った。

「一年の時に、結構上下関係ってあったんですけど、森ちゃんは普通に先輩にも手とか振って」

「そうそうそう」

「許されるキャラなんだよね」

「みんな、怖いとか思ってる先輩が窓の外にいたら『あー、せんぱーい』みたいな感じで」

「先輩も『森ちゃーん』みたいな」

「そんなの森ちゃんしかできないねって感じだったよね」

最初の夏、森はインターハイ出場を期待された。東京都支部予選では11m60の二位、東京都大会は11m43と記録で後退するも三位入賞し、南関東大会へ進む。ちなみに南関東は東京・千葉・神奈川・山梨の四都県で争われ、各種目六位までがインターハイ出場の権利を得る。その南関東での結果は11m60で七位。

中学の福島国体で記録した12m18であれば可能性はあった。中学から高校へ上がる準備が不足し、結果的に力を発揮させてやれなかったと小林は言う。試合を終えた森は、涙にくれながらも小林の言葉に何度も頷いていた。

「お前以上に頑張ってた子がこれだけいるんだ。同学年だけじゃなく、上にも二学年。そこで頑張っている選手もいる。出てしまった結果は仕方ない。今は受け入れて、それを跳ね返すだけのことをして国体で優勝しようじゃないか」

入学してすぐ支部予選、五月に都大会、六月の南関東大会。目の前にある試合に練習を合わせた。だが、それだけでは高校のレベルに上げることはできない。過去の実績を捨て、身体をつくるトレーニングからはじめることを小林と確認した。

小林は練習の細かいデータを残さない。ただ、投げる本数がそれまで三十本から四十本だったものが百本近いこともあったと記憶している。小林の流儀は、ポイントと練習時間だけを伝え、あとは黙って見ていること。基礎体力をつくり、投擲の基本動作を身体に覚え込ませる夏練だった。

東京高校は夏合宿をやらない。そのぶん学校では午前と午後にみっちりと時間を費やす。100mの流しを十本と短いダッシュを入れたウォーミングアップだけで九十分近くかける。午前中投げると一時間の昼食タイム。再び投げやウエイトトレーニング。

バウンディングなど跳躍力を高めるトレーニングは練習の最後にする。バネを使ったあとの身体では良い投げができないからだ。砂場の立ち三段跳び、立ち五段跳びをそれぞれ十本ずつ。森はずば抜けた身体能力に恵まれていたわけではなく、三年で陸連が測定した立ち幅跳びのデータは２ｍ40程度だった。練習だけはたくさんできる子だったが、決して砲丸投の天才などではなかったと小林隆雄は念を押す。夏の終わりにはうっすらと筋肉が張り、体つきが少し変容した。

秋には広島国体の少年女子砲丸投Ｂで優勝。五投目まで12ｍ69でトップだった平戸安紀子（長崎南）を、最終六投目で13ｍ03と逆転したのだった。

翌年、森は一年間ケガに悩まされる。四月の東京選手権で13ｍ14の自己新記録で優勝。直後の支部予選までは12ｍ62とまずまずだった。気候にあわせてふわりと天空に舞う砲丸は、いくらでも練習したい気分にさせてくれる。ゴールデンウィークのカレンダーはそのまま心地よく練習できるコマの数を示していた。練習すればしただけ強くなれる気がする、または事実そうなることもある。逆に「練習しすぎ」の落とし穴にはまってしまうこともある。

身体の一部に不気味な衝撃が走ったのは、連休明けの東京都大会決勝ラウンド五投目だった。地面を蹴りだす方の右太腿裏に、ゴムが縮み上がる感触。強い動作をしたときではない。投げてファウルしそうなのをこらえただけだった。12ｍ17で優勝したものの、思い切った動きはしばしば制限される。

「筋断裂です」

医師に恐ろしいことを言われたが、そこまで重症とも思えなかった。六月の南関東大会では12ｍ21と三位に食いこみ、どうにかインターハイを決めた。

京都インターハイは、予選通過記録を超えられず、辛うじてプラスでの通過となる。予選通過記録が十二人に満たない場合、超えていない上位の選手が決勝に進める。いつまた、あの電流のような衝撃に見舞われるか、考えるだけで恐ろしくはある。ぐるぐる巻きにした右太腿のテーピングをサポーターで固定した。やるしかない決勝は12m55で六位となった。

入賞した他校の選手を学校関係者の祝福が包んでいた。高成和江はホームストレート側の壁に寄りかかり、一人で表彰台の森を見ていた。すでに宵の口にあるスタンドから、森に送られる仲間の拍手や歓声はない。小林をはじめ生徒までもが、翌日に備えてすでに宿舎へと引き上げていた。タイミングというものがある。きっとそういうタイミングだったのだろう、ここはそう割り切るしかない。

「こんなもんですよね」

「優勝したら残ってくれるよ。だから来年は一等賞になろうね」

秋風が吹いてもケガは完治せず痛みを残したが、十月の日本選手権に初めて名を連ねた。関東高校新人では13m12と調子を戻す。あのとき、痛みを感じなくなっても動かず安静にしているのが完治への近道だったのだろうか。足枷のような太腿の痛みに、抑圧の焔《ほむら》をいいだけ溜めこんだシーズンだった。前年度を11センチ更新したにとどまった。

5

練習オフの毎週月曜、女子仲間で集まるのは蒲田駅近くのカラオケ店だった。ルーズソックスに履き替えることもあるが、森が履いているのを見たことはない。はやりのプリクラを飽きもせず相当数撮った。カラオケとプリクラがいつもセットだった。曲探しは授業の休み時間にしていたが、歌謡曲のことなら森に聞けば何でも知っていた。

カラオケではまず順番を決める。油断してリモコンが森に渡ると、自分の好きな曲を勝手にどんどん入れてしまうので注意を払う必要がある。森には、広瀬香美の歌の途中で幸田シャーミンのモノマネをするという妙な癖があった。だが、幸田シャーミンを誰も知らないのが残念だった。

東京高校は通称「土手高」と呼ばれる。陸上部の生徒が日々練習に明け暮れる多摩川の河川敷広場には犬を散歩させる人がいた。森は犬や猫の類に目がなく、パグでもいようものなら人が変わったように駆け寄り、かがみこんで手を差し出す。

「ワンちゃ～ん」

パグは急接近してくる大柄な森に怯え、「ワン！」とひと吠えして拒むのだった。どんなに犬から拒絶されても挫ける様子はなかった。

野良の子猫が保健室に持ち込まれたことがある。その猫をどうするか。今後について話し合ったが結論に至らず、なぜか森がつれて帰ることになった。電車で運べないので「ふとちゃん」という国語の教師が江戸川区の自宅までマイカーで送ってくれた。

「みんな最初は可哀そう可哀そうってそんときは言うけど、最後の最後には結局森しか面倒みなかった。森だけだったな」

ふとちゃんがしんみりと、そう言った。

肌を焦がす陽射しから柔らかい日差しへと季節が移ろう。風の通り道でもある河川敷トラックは、砂塵を巻き上げた突風が容赦なく吹きぬける。多摩川の砂塵は汗が乾くと皮膚に付着して黒く残り、砂の粒子にまみれた頭髪はバサバサと艶をなくした。

沼田、遠藤、杉山、門間、そして投擲の菊池と鈴木にマネージャーの金井。練習を終えて部室で着替え、それから森の練習場へと向かう。砲丸投の練習サークルは河川敷ではなく、校舎や体育館に囲まれた一角にあった。

帰りはみんな一緒。暗くなるまで投げている森をいつも待っていた。身支度をして砲丸の投擲練習場へ行くと、森がまだ投擲練習の準備をしていることがあった。

「森ちゃんこれから練習なの?」

遠藤は驚きを隠せなかったという。後に女子総合で南関東大会を制する沼田や遠藤も練習量が決して少ないわけではない。ただ投擲種目は総合的な運動をカバーするため時間がかかるのだ。投げの前に走練習、跳躍練習、ウエイトトレーニングなどに多くの時間を費やすこともある。それらを差し引いたとしても、森千夏の練習量は当時から常軌を逸していたという。

ピットに降り積もる銀杏の葉をほうきで掃き、やがてスローイングのアップを始める。仲間たちは森を待つとき、落ち葉に紛れた銀杏の実に注意を払った。うかつに踏みたくはないが、つい油断すると、ローファーの靴底にぐにゃりとした感触があり、銀杏特有の異臭が漂う。こともあろうにスパイクで踏んだり、メディシンボールに付いたそれを手で触るといった悲痛な経験もあった。

校門からほど近いセブンイレブンの前で反省会を開く。反省会には腹ごしらえが必要だった。ホイップクリーム入りメロンパンの森は、朝にも二つ購入しているので一日トータル三つ目のメロンパンということになる。他の仲間は「くるみコッペ」だった。袋のポイントシールが自動的に溜まるのでこまめに集めていたわりに、誰一人として応募した形跡はなかった。集めるだけできっと満足したのだろう。

仲間のひとりが危険な駆け込み乗車をしたとき、迫りくるドアを「ガッ！」と肘でブロックして森が助けたことがある。電車のドアは人が挟まると安全装置が働き開くシステムになっているのだった。

森千夏と遠藤瑠美子が最後まで一緒だった。目蒲線（現多摩川線）の鵜の木駅から田園調布で東横線に乗り換え、中目黒でそれぞれの路線に別れる。

「また明日ね」

「うん。また明日」

森は地下鉄の日比谷線、遠藤は渋谷まで出て家路へと急いだ。

ポケベルからやがてＰＨＳを持った。特典が利用できるよう同じ機種をみんなで揃えた。ウォークマンも通学の必須アイテムとして手放せなかった。

十二月二十八日から三十一日まで、冬期練習の一環として千葉県館山市へ向かう。貸切りバス二台に男女が分乗。現在も陸上部の恒例行事として継続されている「砂山合宿」である。東京湾アクアライン開通により、湾周遊ゆったりコースが消滅したのは二年のときだった。川崎市と木更津市を直結するアクアラインは到着が早まる。それだけ練習時間もとれてしまうので部員には不評だった。

山頂まで２００ｍ、そびえる砂山の威容。浜辺でビーチフラッグスやミニハードルもやるが、基本は砂山である。専門種目による区分はあまりなく全員同じ練習をする。短距離陣は一応腕を振っていて、自分では走っているつもりだがあまり進んでいない。頂上までのタイムトライアルは、この「走れていない状態」で登上し、乳酸が溜まりきってどうすることもできない。倒れて動けない部員もいる。走る走らない以前の問題で、歩を進めるだけで精一杯といった森は、日焼けの顔に赤みが増していた。

冬場でもみんな黒い肌をしていた。日焼けが色褪せる余裕など与えられはしなかった。

森は偏食で、宿泊先の朝食バイキングでは好きな一品を山盛り気味に持ってくる。コロッケとトマトに、なぜか、おかゆ。好みの味にハマると飽きるまでそればかり食べ続ける。部屋の布団に入ると森が最初に寝息を立てる。合宿の夜は修学旅行と違い、布団で話すこともない。疲れているので消灯即就寝、明日があるからとにかく体力温存。早く寝ないと練習に響く。

就寝前のミーティングで森が舟を漕いでいることがあった。誰もが疲れきっていた。

「森、眠いのか」

顧問から強めの注意を受けたが、実は本当に体調不良で、高熱に侵されていることが判明。他の風邪引き部員数人と別室に隔離された。安静と感染予防のため、それ以降の練習には参加できなかった。

三年の春に宮崎県で合宿があり、指導したのが日大の小山裕三だった。日大でも時々練習していたが、この宮崎合宿で小山から受けた技術指導で、砲丸のリリースポイントを変えて飛躍的ともいえる伸び方をする。森はケガ以降、怖がって右脚を蹴りだせず、うまく重心移動ができないことで腰が引け、上体が突っ込む形で投げていた。グライドは重心が投擲方向に進み、両脚を前後に大きく開く。そこから右脚、左脚を「タタッ」と接地して重心を移動し、投げの動作へと繋げる。だが、森は右脚を蹴りだすことをためらい、両脚がほぼ同時に着地して動きが止まっていた。ケガが治ったことによる気の持ちようも大きく、トレーニングもできていた。

東京都支部予選で自己ベストを80センチ上回る13m94をマーク。三日後、日大で公認記録会が行われた。記録会に出るつもりはなく練習で日大にいた。投げる本数を稼ぐため、サークル近くに張ったネットめがけ二時間近く投げ込んだ。練習が終わる時間と記録会開始のタイミングが重なった。その場でゼッケンを借りて投げると14m16の東京都高校記録。どうやら高校総体への準備が整ったようだった。東京都大会では14m13、川崎市で開催された南関東大会ではさらに14m54。

東京高校の三学年は七クラスだった。三年七組が森のいるスポクラ。他のコースに移る生徒は年度またぎに若干名いるものの、顔ぶれは三年間ほぼ変わらない。男子約三十人、女子は十人。女子はハンドボール部一人、バスケ部三人、残る六人が陸上部という構成である。四月当初の座席は出席順だが、途中からくじ引きとなる。くじを引いても女子の座席エリアは限られているので前後か隣になるだけで、くじの意味をさほどなしておらず、どう替わろうとだいたい似たようなものではある。

「もんちゃーん、また近いね」

チャラけた鼻声でベターッと森千夏に抱きつかれるのが、門間智穂にとっての席替の恒例行事だった。

スポクラの存在は他クラスとは異質だった。「他学年との交流」が特色の一つだが「厳然たる縦社会」と解釈した方が実態としては正しいだろう。ラグビー部を中心に構成される男子は、ガタイのよい猛者の集まりでもあり、休憩時間には必ず誰かが早弁をし、複数の生徒が餌付けのように群がっていた。教室には常に弁当の匂いが立ち込め、止めどなく誰かが何かをモグモグしている。彼らは四時間目までに弁当を完食し、昼は昼でそそくさと食堂へ急ぐのだった。

6

第五十一回全国高校総体は前年度に完成したばかりの香川県立丸亀陸上競技場で行われた。森は女子砲丸投ランキング断トツの一位。そつなくこなせば順当に優勝と目された。

女子砲丸投を翌日に控えた夜、森は正座させられていた。腕を組み、鋭い視線で森を睨みつけるのは、チャチャという渾名《あだな》をもつ小柄なマネージャーの金井由美。

「自分の荷物も整理できてない」

出したら仕舞え、脱いだら畳め、ゴミはどうするの、それで平気なのかというのが森の罪状だった。

「そんな選手がね、インターハイで優勝できるわけないよ」

半分冗談だが半分本気である。いつもの怒りの姿勢はツボを心得、その上世話好きの金井はマネージャーにうってつけの人材だった。片付けの苦手な森も「砲丸」だけは特別で、どんなときもピカピカに磨いてあっ

砂山合宿（前列左から杉山・門間・森・金井。後列左から遠藤・沼田・鈴木・菊池）

たという。

一九九八年八月三日。丸亀市は連日、猛暑が続いていた。午前中の女子砲丸投予選は12m89と無難にまとめて一位通過。よくスタンドから森の試技を見ていた同級生たちはこう話す。

「普段の森ちゃんとは違って、サークルに入るとやっぱり」

「顔、違うよね」

「顔つきが」

「違う違う」

「なんか、全然違うよね」

「あんなにおチャラけてるのに」

「変な絵とか描いたりして」

「普段はね」

「集中力が凄い」

「切り替えが早いよね」

森はいつも、プリントや手紙の片隅に「オヤジドリ」という妖しげなオリジナルイラストを描き、「BYモリゴン」とサインしているのだった。オヤジドリが何だったのか、未だに謎を残したままだ。

滴る汗をタオルで拭う。予選から屋外に放置されたままの砲丸は真夏の陽に灼かれていた。午後の決勝ラウンド直前、練習投擲のために砲丸を掴むと「ジュッ」と音がした。一瞬で蒸発する水のように、掌の汗が蒸発する音だったのかもしれない。この日のグラウンドコンディションは三十五度を記録している。競技場全体が熱く、１００ｍではスタートライン周辺に異例の打ち水がされた。

普段通りにやれば優勝。そう言われることにプレッシャーを感じていた。技術を意識してしまう一投目。動作も小さく、ファウルをしないための投げになる。腰が引ける癖も見られた。三投目でベスト8が決まった。九位以下の選手はこの時点で脱落するのが砲丸投のルールである。

ようやく一位になったのは四投目だった。ラストに向かう高揚感に心の鎖を解かれたのか、動きに拍車がかかった。最終投擲。あたりは夕刻の気配が漂っていた。

正円を描く直径2・135メートルのサークル。中心から三十四・九二度の角度で扇状に伸びるライン。ナンバーカード「２８６」。砲丸を左手に抱え、わりと急ぎ足でサークルの足止め材まで歩み寄る。すぐ向き直り、三歩でサークルの後方へ。試技の前段に時間などかけない。テーピングで手首を固めた右手に砲丸を持ちかえ、頭上でポンポンと軽く回す。四キロの重量を掌の中心に馴染ませる。沈み、シュッと動き、放つ。鈍く光る空中の砲丸が15ｍラインのあたりに落下する。正式記録が届き、スタンドに向かって両手を突き上げる。

14ｍ92――――高校歴代四位。

しかしこのとき、同級生たちは不測の事態に直面していた。キャプテンの沼田郁子が４００ｍリレーのアップ中に肉離れ。気になる女子砲丸投は競技場から時々漏れるアナウンスに耳を傾けていた。そのあと、明日に備えて早めにホテルへと引き上げることになった。

森千夏が表彰式を終えると、高成和江だけがぽつんと立っていた。

「先生。去年、優勝したらこんなはずじゃないって。約束したんじゃなかったでしたっけ」

「しょうがないよ」

「ですよね」

ホテルへ到着するとみんながいた。おめでとうの言葉のあと、もらったトロフィーを見せてくれとせがまれる。栄えある砲丸投優勝トロフィーは、先端の人物造形が砲丸を持っていた。だが、箱から出したり仕舞ったりしているうちに、その人物造形が何も持っていないことに、誰かが気付いた。

「砲丸がないね」

最初は安穏と構えていたが、人物造形の砲丸は手品のように行方をくらましたまま、やすやすと出てこないのだった。

「砲丸が付いてなかったら砲丸投のトロフィーじゃなくなるよね」

「これを見つけない限り東京には帰れませんよ」

十月に熊本でおこなわれた日本選手権兼日本ジュニア選手権も14m85で優勝。このとき主審を務めたのが第三章に登場する林香代子である。女子砲丸投は大会最終日だった。強行日程で、その日のうちに東京へ戻る予定が組まれていた。フライト時刻が迫っているため帰り支度に追われ、他の部員は森の表彰に付き合っている余裕がない。表彰式など一通りのセレモニーを終えると、慌てた様子の高成和江がいた。飛行機は待ってくれないので、取るものもとりあえず空港へと急ぎ、ランシャツのまま飛行機内に乗りこむ。飛

丸亀インターハイ優勝（1998 年 8 月）

「早く着ろ！」と声がしてようやく人並みのウエアを着用できたのであった。

何かにつけ粗雑な扱いを受ける森だが、一時体型や身体の大きさを気にしていたという。

三年の秋、お台場にできたばかりの温泉に仲間と行った。浴衣の女性用が着られず、「男性用ならあるんですが」という担当者の言葉に森は浮かない顔をしていた。一人だけ藍を基調とした浴衣姿で写真に納まった。

勧誘を受けた大学の中に、室伏重信が監督を務める中京大学があった。室伏はハンマー投でオリンピック代表に四度選出され、アジア大会五連覇。年齢を重ねても一線級で活躍したことから「アジアの鉄人」と呼ばれた。ハンマー投をやらせたら強くなると、森の力量を見込んでのアプローチだった。少なくとも砲丸投よりはハンマー投のほうが世界への可能性があると室伏重信は踏んでいたのだろうか。女子ハンマー投は二年後のシドニー五輪から正式種目として採用されている。中京大には、森の一学年上で後に頭角を現す綾真澄（女子ハンマー投元日本記録保持者。世界選手権三大会代表）もいた。ハンマー投ほか円盤投でも期待されたが、森がそこに傾倒して行くことはなかった。「回転する投擲」を苦手としていたのもあるが、一番の理由はハンマー投より砲丸投で上を目指したいという気持ちだった。好きなことをやっている永遠の小学生のように、ハンマーか砲丸かは理屈を超え、単純に好きかどうかの選択だったのである。

同級生にはよく「投げられるまで投げたい」と話していた。三十、いや四十過ぎても投げたい。やがては指導者としても。砲丸に携われる一生を語っていたという。

小林隆雄の母校でもある日大陸上部は女子の推薦枠がなかった。一般入試は、学力に不安があるため候補から外れた。学力と経済的なことで折り合いをつけたのが国士舘大学だった。学費免除という優遇処置が認められたが、入学金と部費は納めなくてはならない。森の経済状況を考えると厳しい面があった。入学金と四年間分の部費は「お前が就職して、もし余裕ができたときに返してくれたらいいから」と小林が全額を立替えた。森の同級生たちはこう語る。

「小林先生は、自分の子供のように思ってた」

「マッサージも競技には欠かせないじゃないですか。そういうのも、サポートしてたと思います」

小林は食事や身体のケアに森を誘うとき、大抵こんな言い回しをしたという。

「俺が腹減ったからメシに付き合え」「俺がサウナに入りたいから、お前はマッサージでもしてろ」

スムーズに大学生活に移れて、少しでも不安が取り除けるようにと、小林は関東インカレを視察。国士舘大の青山利春監督が選手に出す指示の内容や、その場の雰囲気などを森に詳述した。

7

朝から照り返していた太陽はどんよりと雲にのみこまれ、いつのまにか薄闇の向こうへ消えようとしていた。女子400mリレーの開始に備え、私は小林隆雄とともにホームストレート側のスタンド下通路へと移動する。女子リレーは第一組に東京高校が登場し、他校とは別次元の差をみせ46秒72でゴール。これは昨年度のインターハイ三位を上回るが、それほど会場がどよめくことはない。タイムレースにつき決勝は行われない。トラックでは予選第二組が準備を始める。

競技を終えた長距離の部員たちが小林の元へと集まる。小林は長距離にも気を留め、競技役員などの合間には、レース中の部員に檄《げき》を飛ばす。だが、懸命に走る選手に批判的なことは言わない。ダレていたら言うこともあるが、「いいのかそれで」と、奮い立つような言葉を選ぶ。元々長距離を好きで選んだ者もいるが、いろいろやった結果、この競技に落ち着いた部員がいることも心得ている。

「ちょっと失礼します」

小林はそう言うと、私から少し離れた空間で長距離部員とミーティングを始めた。八十五人の登録選手のベスト記録は、記憶の引き出しに入れてある。試合結果を選手に訊ねるとき「ベストなの」と訊くよりも「ベストだね」という方を必ず選ぶ。似ているようでも、そこに受ける印象は一八〇度の違いがある。ベストだねと訊かれたほうが、見てくれていると思うから選手も嬉しいのではないかと考えている。たとえベストが出なくても、批判めいたことは口にしない。記録の思わしくない生徒にもそれは変わらない。やがてお決まりの笑いで解散し、私の待つ通路へと戻ってくる。「最後はいつも笑顔なんですね」という問いかけに、小林はこんなふうに答える。

「一生懸命やって失敗して、何で怒れるよ」

視線の先に男子400mリレーの選手。各校それぞれのユニフォームの色がトラックに広がる。小林は腕を組み、トラックに視線を向けたまま言葉をさがす。

「一番苦しんでるのは、本人だから」

男子リレーメンバーがトラックに散らばる。陸上をやる高校生がメインとしているインターハイ路線はここから始まるのだ。この支部予選を皮切りに五月の東京都大会、六月の南関東大会と駆け上がる勝ち抜き戦である。支部予選は八位、東京都と南関東は六位。そのラインに達しないことは即脱落を意味する。

レースが迫ったとき、小林がふいに不安を口にした。それは老婆心だと思った。

通常、一年単位で選手が入れ替わる高校スポーツは戦力に波がある。比較対象がなければ苛《さいな》まれる度合いも軽いのかもしれない。だが、不安とは比較を端緒としていることも多い。一つ上の先輩たちは、ケンブリッジ飛鳥（リオデジャネイロオリンピック４００ｍリレー銀メダル）、女部田祐らの活躍により真夏の北上インターハイ決勝で一番にゴールを駆け抜け、全国の頂点に立っていた。秋にはさらに、40秒02の日本高校記録まで樹立した。

女子リレーメンバーがいつの間にか傍にいて、私を挟む格好で小林と談笑を交わし、トラックを見つめている。自己チームの好調さと、レースを終えた安堵が選手たちの表情に見て取れる。

張り詰めたスタートの空気。間――各レーンの選手が一斉に反応。雷管から微かな白煙が立ち上る。火薬の乾いた音がやや遅れて耳に届く。

東京高校は第一走でトップ争いをしている。だが他校を凌ぐ圧倒的な力の差は感じない。第二走者がバックストレートを駆ける。この数秒後、皮肉にも小林の不安は的中することになる。

「遠い！」

二走から三走へのバトンワークの瞬間、小声ながらも身の硬直するような激情をこめて小林が言った。

直後、黒っぽいバトンがふわりと舞うのがわかった。私の周辺の空気が一気に凍りつく。三走が慌ててバトンを拾い直すが、距離と時間をとり戻すことはもはやできそうもない。アンカーが望みをつないで懸命にゴールへと駆ける。

明暗が一瞬で決するリレーの怖さ。インターハイの舞台は、その瞬間からメンバーのものではなくなる。スポーツは何でもそうなのかもしれないが、こうして目の当たりにすると実にあっけない。仲間を背負っているだけに個人種目よりもきっとダメージが大きい。私のすぐ隣にいる女子リレーメンバーは一様に表情を失い、呼吸も、瞬きすらも忘れたように放心している。

小林も黙っていた。

次の言葉を誰かが発するまでいったい何秒くらい固まっていただろう。長い時間に感じた。

遠くホームストレートの先、第四コーナーのレーンを外れたフィールドに、立ち上がれない第三走者の選手。二走が走れないから三走に追いつけなかったのだと小林が重い口をひらく。三走は、去年のイメージをどこかに残してスタートを切ったのかもしれない。

栄光から一転。東京高校男子４００ｍリレーの夏は、その季節を迎えることなく終わりを告げてしまった。チームの力がどれ程なのか、それを知ることも試すこともなく、瞬時にして散りゆく危うさ。リレーという競技が放つ光は、そんな闇がすぐ隣に潜んでいるからかもしれない。

また沈黙が続いた。沈黙しているしかなかった。

「やっぱリレーって楽しいね」

事情を知る由もないどこかの女子高生が目の前を通過していく。だからといって気まずい空気が流れるわけではない。もちろんそれで誰かの感情が掻き乱されもしない。だが、そこにいた誰の耳にも残る会話ではあった。押し黙ったままの時間が経過した。

小林の呟きが沈黙をやぶる。明らかにタイミングは過ぎていた。

「今の言葉なんていいね。リレーが楽しいって」

夜へと、そして明日へと繋がる空が競技場の頭上に伸びていた。

※この章の取材をした同年（二〇一二年）の新潟インターハイで、文中の最後に登場する女子４００ｍリレーチームは悲願の初優勝。同時に東京高校は、前年の男子に続き、初の女子総合優勝を成し遂げた。

第2章　18メートル

1

そろそろ師走の声を聞こうかという季節だった。勤める大学校舎の通用口に現れた彼は、出会った瞬間にパッと打ち解けられる大らかさがあった。雑誌のフォトグラフで感じていたイメージと少し違うのは、現役が過去のものだからであろうか。運動選手にありがちな気難しさや滲み出る寡黙さは薄らぎ、健康的な白い歯がこぼれた。森千夏より四歳年上にあたる彼もまた、森に負けず劣らず日本陸上界のビッグネームである。

野口安忠。一九七六年八月十一日、福岡市博多区生まれ。今は競技を引退し、後進の指導にあたっている。野口も、そして森も、ピーク時には国内敵なしの強さを誇った。だが、意外なことに野口は森との接点があまりないという。だから申し訳ないですねと前置きをして椅子に腰掛けた。

取材した方々が少なからず「森千夏さんの取材でなぜ私のことをこんなに聞くの」という意思を表す。その都度、不確定でおおまかな構想を説明するのに苦慮した。森千夏の人物像に迫るには親族をはじめ学生時代の恩師や友人など近しい人物に訊くのが良いのだろう。一方で「砲丸投」という競技がいったい何であるのかを知ることは、つまり森自身の、競技に対する内面の投影でもある気がした。競技に精通し、さらにできるだけ共通項をもつ人物を通して森の見た世界に近づきたいと思った。砲丸投でインターハイや日本選手権に優勝するということ。砲丸投で日本人として初めて18mを投げるということ。その「18m」に焦点をあてると、野口安忠の名前が脳裏をかすめた。

現在（二〇一七年）、日本の砲丸投史上18mに到達した選手は男子が六人、女子は森千夏ただ一人である。19m台は男女ともまだいない。

森千夏が女子で初めて大台の18mをマークしたのが二〇〇四年の四月だが、野口はそこから六年ほど時間を巻き戻した一九九八年四月に「18m」という歴史を日本の陸上界に刻んだ。そのとき彼は日本大学の学生だった。日本人初の大台を超える瞬間とはいったいどんなものなのだろう。そこにドラマチックな世界を想い描いてしまう。だが野口の答えはイメージを根底から覆すものだった。彼はあっさりとこう答えたのだ。

たかが18m――と。

初めのうちはありがちな謙遜だと捉えていた。だがそれは謙遜などではなく、より深い、トップアスリートのみが知り得る世界への入り口だった。

「たかが18mですから。たぶん千夏と共通する点だと思うんですけど、僕の勘だと」

自己記録が伸びていくのだからその時々に喜びがあるという。日本人で初めて18mを超えたことで取材も受け、専門誌の表紙を何度か飾ったこともある。しかしそのあとに付随するものを思い知る。

野口は高校から上のタイトルをほぼ総なめにし、各ステージで既存の記録を塗り替えてきた。高校二年歴代最高記録、高校記録、そして日本記録。多くの競技者が求め、求めてもほぼ手の届くことのない誰もが羨む実績。全盛期の野口は他を寄せ付けない砲丸投最強の男だった。そして日本では確実に集団の中から頭一つ抜き出ていた。

「でも抜け出したときに『世界に通用しない』というのを他の選手たちよりも精一杯背負うわけですね。精一杯背負うというか感じるんですよ。改めてそこで日本の弱さっていうのを。日本の弱さイコール自分の弱さって感じがして。トップに立ったからこそ屈辱感を味わう、ていうんですかね」

言葉と言葉の間隙に、殺気のような激しさを押し込めているのがわかる。誰かに話しても、理解されていると感じることは少ない。しかし、記録が絶対的な価値基準のスポーツに生きるものの宿命として、重くのしかかる現実がある。やがて「世界との比較」という葛藤にさいなまれていく。

18mを投げたことは史上初の快挙であったとしても、それは日本の砲丸投だけの価値であって、世界で戦うことはおろか、その「世界」に踏み出せず日本に留まっていなければならない。世界大会のピットにすら入ることを許されない。

それは確かに、森がまだ16m台で日本記録を出した頃と符合するのかもしれない。

オリンピックや世界陸上にはしばらく参加標準記録A・Bがあり、当時のシドニー五輪では、下のB標準が19m30だった。たとえB標準でも超えれば世界切符が約束されていた。それを超えない限りは18m99も16mも同じこと。世界に出られない、その線を超えない限りその下は全部一緒という感覚になっていたという。

「だから、たかが18mですよね」

込み上げる万感の思いが、わずかに潤んだ野口の瞳に見て取れた。彼はおそらく、本当は涙もろくて優しい男のような気がした。

目の前に覆いかぶさる屈辱感。それはたぶん千夏にも同じようにある、あったに違いないと野口は反芻するようにそう語る。

世界に出られず日本の中に留まっていたとしても、余りあるほどの優越感に浸ることもできる。事実「凄い」という声を、「日本人として初めてだ」という称賛を何度も耳にしたはずである。野口はそこに流されてしまいそうな自分に居心地の悪さを感じた。もう十分じゃないかと落ち着くのはたやすい。だがそこに身を置くことが、何か良くないことのように感じていた。

2

幼少の頃に両親が離婚。野口は母、仲の良かった兄は父に引き取られ離散して暮らすことになる。看護師をしていた母に夜勤があると、夕方から夜明けまで一人ぼっちだった。作り置きの夕飯を温めるために小学校低学年からガスコンロを使った。

夏休みは、兄と一緒に過ごせる充足された日々だった。その時間はたとえようもなく満ち足りているぶん、8月の終わりに訪れる兄との別離はあまりにも切ない。大好きな兄と暮らしたいと願った。

「兄ちゃんの方に行きたい」

その一言で、父・兄との三人暮らしが始まった。タクシー運転手の父にもやはり夜勤があった。必要に迫られ、自分ですることが自然と身に付いた。洗濯は父に手順を教えられ、「洗剤は一杯」と言い渡されていたので、たとえシャツ一枚でも、箱洗剤付属の計量スプーン一杯を入れてボタンを押す。脱水後はシワを伸ばし、ハンガーにバーッと干していく。そんな生活が兄弟の日常だった。

五年のとき自宅を飛び出したことがある。友人宅を転々とし、ときには野宿で一週間帰宅しなかった。捜索していた父と居酒屋の前でばったり出くわす。路上でボコボコに殴られ、地面に転がり、なおも踏みつけられて揉みくちゃにされた。背丈はそれほど高くはないが、骨太で腕力のある父だった。居酒屋の暖簾から顔を出した見知らぬおじさんが見るに見かねて仲裁に入る。すると今度はその人が巻き添えとなり父の餌食になった。隙をついて逃走をはかるも、あっけなく捕まりさらに鉄拳を喰らった。

血が上ると見境がなくなり恐ろしいが、男手一つで二人の子を育てる頼れる父ではあった。隣にはいつも話せる兄がいるので、両親が離婚したことを寂しいと思っても運命を恨んだことはない。

「僕ですね、悪ガキやったんですよ。今の見た目のまんま」

野口には問題児のレッテルがつきまとった。朝は教室ではなく校長室へ登校。そこで宣言する一日の目標、つまり約束事がクラスへの入室許可となる。アホなことを考える主犯はいつも僕だったと言う野口に少年時代の面影を見る。彼が繰り広げたとされるいたずら談には度を越したところもあるが、少年期のふつふつと湧き上がる好奇心のままに行動する悪意のなさが、透けて見えなくもない。

体育館の床に油分があると心地よく滑ることに気づいた野口は、そこにあった灯油を大量に撒き散らして本物のリンクに見立て、「スケート、スケート」とはしゃぎまわって遊んだ。灯油に浸された体育館の惨状に教師は激怒。思いがけず大問題となり全校集会が開かれた。

「みんな目をつぶれ。やったものは手を挙げなさい」

「……」

「この中にいるのはわかっている」

身も凍る思いで時が過ぎるのを祈った。後日、体育館の床は全面張替となった。

放送室にいて授業に出ないこともあった。置いてあるレコードジャケットを手に取って眺めているうちに、外国人の名前探しに夢中になってしまったのである。

「何かおかしい名前のやつらとかいるじゃないですか。そのときハマってて、いつの間にか時間が過ぎてたってだけなんですけど。だから僕は悪いことしたっていう感覚が全然ないんです」

風の向くまま気の向くまま。自由な少年の奔放さが、時としてさまざまな問題を引き起こしてしまう。興味のあることにのめり込みはする。勉強はそれほど知りたいことでもないので、進んで教科書を開く気にもなれない。いつしか「勉強しなくても小学校は卒業できる」と、そんなふうに思うようになった。

朝の六時半に一人で校庭にいたことがある。一日が動き出す前の校舎を背に、敵も味方もいない校庭でバスケをやった。やがて七時半から始まるバスケのクラブに参加し、放課後にはソフトボールかバスケのクラブで体力を使い切って帰宅する。いたずらもスポーツも、毎日腹いっぱい遊んでいた、ただそれだけのことだった。

一九八九年、博多駅の筑紫口からほど近い福岡市立東住吉中学校に入学。小学校からの引き継ぎは、行動面で特に注意を要する生徒として申し送りをされていた。

バスケ部を希望したが、ちょうど野口が入学するとき廃部。身体が大きかったので半ば強引に入部させられた柔道部は、顧問とそりが合わず一年の終わりに退部届を出した。

厭《いや》で仕方がなかった柔道部から解放されて念願の帰宅部となった。授業を終え生徒用の玄関を出ると、きまって陸上部の女子生徒が砲丸投をしていた。玄関先の正面だけに、意図しなくとも視界に入る。なぜあんなことをやっているのか、まったく理解できなかった。中学の、しかも女子ということもあり鉄球はあまり飛ばない。にもかかわらず「エイ！」と声にして力づくで投げる。双眸《そうぼう》に映る、スポーツとも言えないそれは「カッコ悪いこと」の具現化されたもの以外のナニモノでもなかった。だからといって自分に関係があるわけでもない。他人事として受け流し、そそくさと自宅に戻りラジコン作りに精を出した。

砲丸投の選手は自分から砲丸を選ぶのではない、砲丸から選ばれるのだと野口は言う。彼の場合も、それはある教師との出会いによってもたらされることになる。

50m走は学年で一位二位の力を持っていた。そこで陸上部の顧問でもあった体育教師に誘われたのだ。その教師は陸上部への加入と同時に、事もあろうにあの競技をのっけから勧めてきた。

「砲丸投せんか」

すでに中二で八十キロはあったというガタイと、50m走でみせたスピードは、この競技にとても向いているという。

「お前の適性にバッチリ」

しかし、野口の中ではこのとき答えが決まっていた。陸上部と聞いたときも、部活はうんざりなので断るつもりでいたが、それに輪をかけてあの「ホウガンナゲ」という言葉が出てきたのである。拒絶を反射的に伝えた。

「あんな面白くない競技、なんか意味があるんですか」

嫌悪感をあらわにして断った。それでもなぜか、体育教師は幾度となく誘いをかけてくるのだった。

「やる気になったとや」

「先生、あんなのカッコ悪いけんやりとうなか」

ジャージ持参の日を見計らい、執拗にアプローチしてくる。そんなある日、体育教師が次のステップとしてこんな提案をしてきた。

「そんじゃ、一週間だけ」

「――――」

「お前見ただけやろ。やってない訳やから、やってみらんと面白さってわからんよね。一週間だけやってみらん？　一週間やって本当に面白くなかったら辞めていい。絶対せんでいい」

野口はすぐ断らなかった。感情の振り幅が、受け入れがたい相手を収められる日もある。体育教師の態度はいつも上からのものではなかった。

「じゃあ一週間だけならいいですよ」

（中学生の僕はダマされて）――――こうして仮入部とも呼べない軽い気持ちで練習に行くことになった。

鉄球を手にしたとき衝撃が体内を駆け巡った、というようなことは全然なく、やはり砲丸は予想の範疇を一歩たりとも踏み越えない、無機質に淀んだ代物でしかなかった。それをストレートに伝えた。

「一週間やっても何の面白みも感じないんですよね。辞めていいですか」

初めからそういう約束だったので、もうあの錆びくさい砲丸に二度と触れることのない、元通りの平穏な帰宅部生活に戻るはずだった。ところが程なく、体育教師が今度はこんなことを言い出したのである。

「お前、一週間後に試合があるんよね」

それは市内大会だった。その大会にとりあえず出てみないかというのだ。

「お前せっかく一週間練習したのに」

「――」

「それ、勿体なくない」

「――」

「一週間後の試合、とりあえず出てみろ。そこまでやってみらんと、やったうちに入らんもんね」

展開の上手さに思わずほだされてうなずいていた。ところがこの大会を境に、野口の気持ちが揺らぎ始めるのである。大会で下位入賞を果たした翌日、それまでムカつく対象でしかなかった教師たちが一斉に、野口の入賞を褒めたたえるのだった。

「お前凄いぜ！」

「やるじゃないか野口！」

続く県大会でも下位ながら入賞することができた。すると教師たちは野口の功績をさらに褒めちぎった。

当時の東住吉中では部活で活躍する生徒が珍しく、県大会レベルの入賞など、個人と団体を含めて皆無だった。

県大会入賞は嬉しくはあった。体育の授業と違い、学校を代表した公の場で手に入れたものである。しかしなにより、教師に認められることは、これまでにない喜びだった。

「勉強で注目される訳でもなかったし、自分は身体メインやったからですね。だから砲丸投やけど、スポーツの分野で皆から認められるのは最高の栄誉でした」

賞状にはほとんど関心がなかった。「モノに興味なし」というのは以降の競技生活でも続き、賞状やトロフィーにそれほど頓着したことはない。

3

野口安忠を陸上に誘った体育教師、松隈大治とは博多駅の筑紫口で待ち合わせをした。元走高跳の選手と聞いていたので細身の人物を想像したが、どっしりとした体格の教師だった。肌も浅黒く、いかつい。テーブルを挟んで主旨を伝える。最初はあまり弾まなかった会話が嘘のように熱を帯びるまで、そう時間はかからなかった。

バブル絶頂期の頃、松隈は東住吉中へ赴任した。同校は福岡市でも指折りの荒れた学校だった。松隈が赴任した当時は荒廃のピークから五、六年後の落ち着きを取り戻していた時期で、立て直しの苦労が前任者たちから伝えられていた。職員のピリピリした空気の中に、生徒の持て余すエネルギーを部活で発散させようという意見もあった。

下校時間が来るとすぐに校舎に背をむける野口が、時々話題にのぼった。いつ非行へと転がり落ちてもおかしくない危うさと際どさを匂わせている生徒だった。

「あの身体でワルさを始めるとホント手の付けられんことなるばいね」

学校で暴れでもしたら誰も止められないという危惧と、何よりも彼の良さを探してやろうじゃないかという表裏一体の話がなされていた。

柔道部を辞めたことは知っていた。しかし、あの筋力とパワーを遊ばせておくのは勿体ない。陸上競技にハマりさえすればこの世界で通用することは松隈にも十分に想像できた。彼が陸上をすると仮定した上で種目は砲丸投を考えた。トラック競技や跳躍は身体の質量が少ない方が有利だ。それは松隈自身が競技生活で経験したことでもある。

私は野口から経緯を聞いてはいたが、松隈の側からも聞いてみたかった。

野口を誘ったのは体育の授業の終わりだった。新学期の淡い匂いと春の光が校舎を包んでいた。

「家に帰って何しようとや」

すると野口は、親戚の従弟と遊びよう、面倒みてやらないかんと他愛もない言い訳をしたという。

「とにかくやってみらんや」

野口の反応は鈍かったが松隈は決まり文句のように誘い続けた。授業はもちろんのこと、ときには教室前で待ち伏せたこともある。他の生徒の面前で話しかけると、野口は少し反感を示す。松隈から熱心に口説かれていることでこぞって冷やかされ、囃し立てられるからだ。何度誘っても首を縦には振らなかったが、それでも引き下がらなかった。

「ダマされたと思って投げてみらんや」「してみらなわからんめーもん」「とにかくやってんやい」「そげん言わんと、ちょっと投げるだけやけん投げてんや」

低姿勢は日増しに強まる。直球一本やりの単調な交渉で壁を作られないよう、相手の機微にあわせて変化球を投げ込むが、なかなかこちらの術策にはまらない。

「じゃあ一週間だけ。頼むけんやってくれんや」

「――」

「俺、頼みよっちゃけど」

乾いた空気が幾日も続く雨雲を連れてくる頃。あれほど頑なだった野口が変化を見せ始める。あまりにも誘われるのに顔を出さないのは不義理を続けるようで気が引けるし、とにかく一度やれば済むことだろう、とでも言いたげではあった。

「じゃあ今日行きます」

「約束ぜ」

一歩ずつではなく、半歩ずつ前進しているようだったと松隈は言う。しかし、半歩出たのなら冷めないうちに反対の足も出させたい。グラウンドで待つ松隈のもとにフテブテしい態度の野口が用務員に連れられてやってきた。用務員も野口を気にかけていた。

「来ました」

「これ投げるとぞ」

砲丸を野口に手渡す。

「じゃあ、今日は十本だけ投げようか」

フテブテしい態度のままだったが、その第一投目から松隈は目を見張った。練習前、こんなふうに押し出すんだと身振り手振りで説明はしたものの、すぐにできるはずもないのでメチャクチャな投げ方ではあった。その砲丸は10ｍあたりを楽々と越えたが、そんなことは気にもせず、約束の十本を投げ終わった野口はシビアだった。

「投げました。帰ります」

野口に対してキツイと思わせることは一切させないことを心がけた。松隈は、試合までこぎつければ何とかなるかもしれないと目論み、すでに本人には内緒で大会に申し込んでいた。

他の職員から野口に言葉をかけてもらうよう、根回しも忘れなかった。管理職をはじめ、担任や教科担任などに今の状況を説明し、こういう声をかけてもらえませんかとお願いして回った。気の良い職員が多く、話題にもなっていたのでとても協力的だったという。

最初の試合は市大会だったが、四位か五位で入賞したと松隈は記憶している。六位までが県大会に進める。その県大会でも同じような順位を獲得したとき、松隈のイメージに近づいているのを感じた。ここで気持ちを途切れさせては何もならないので、十月の大会までやらないかと提案した。

「お前そげん早う帰っても何もすることなかろう」

夏休みもやはり苦しい練習はさせないと約束を交わした。無理なことは絶対させない。陸上競技は全体、単調で苦しいものと思われがちだ。ずっと走ってばかりとか、そういう苦行が先立っては気持ちが離れてしまう生徒もいると松隈は考えている。実際のところ陸上の練習はバリエーションは豊富にある。一日も欠かさず練習するより、回復休養日をつくり集中的にやるほうがいい。ダラダラと長時間やるのは精神的に疲弊し、伸びないことも多い。ましてや中学から苦しみに耐えさせるのは、教師の自己満足にこそなれ、必ずしも効率が上がるとは限らない。

「50ｍ以上は走らんでいいから」

「じゃあ50ｍ以上は走りませんよ」

相手の熱量に合わせて言葉のキャッチボールが続く。それでももたないときは「これ一本走ってきたら走り方が変わるんよ」と一本のダッシュを促す。投擲練習にもマンネリ化の気配を感じると「もう一本投げてくれんや」と下手に出て、中学生の野口に頭を下げて頼み込む。

「あと一本投げたら強うなるんよ」

砲丸を投げるだけでは飽きるので、手をかえ品をかえ、違う物を代用して遠くに飛ばしたりした。それは頼りない綱渡りのようでもあった。砲丸にまったく興味のもてない野口が不満を口にする度に「終了」の二文字が点灯する。「こげんしたらもっと飛ぶかも知れんぞ」と少年の気持ちを励まし、なだめ、次の手を打つ。

「こっちのペースになるまでは我慢の連続でした」

テーブルで向かい合う私に松隈はそう言った。それは確かに「我慢」には違いないのだが、陸上という対話ツールで少年と関われることを、どこか楽しんでいたのではないか。それができる教師のような気がしなくもなかった。

私は試合に使うスローイングシューズについて訊ねた。

「あの時は」

松隈はそういって正確な記憶を辿ろうとした。

「投擲シューズというものを本人は知らないんで、こっちで準備したっちゃないかな。スポーツ用品店に行って」

つまり、準備したというのは松隈が自腹をはたいて無償で提供したらしかった。

「あげた、というか、まあ結果的にあげたことになるんですけど」

野口と出会った頃の松隈はまだ十分に若手と呼ばれる年齢だった。生徒のために器具や教則ビデオを買い揃える、そんなことにお金を使うのは苦にならなかった。初任の養護学校に始まり、教員生活五年目にして、してようやく持つことを許された陸上部。ひときわ思い入れも強かった。

「これスローイングシューズやけん」

秋の県新人戦直前、そういって野口にシューズを渡したのだと松隈はいう。

「これ履いたら飛ぶんよ」

「――」

「これ履いたら、また飛ぶことになるんよ」

中学生の野口がいったいどんな気持ちで、新品のスローイングシューズを手にしたのだろう。目の前にいる松隈に、その映像を見ていた。なぜか感情が込み上げ、次の質問まで一呼吸を要した。

4

秋の県新人戦はさらに成功体験をものにできると踏んでいた松隈の予想は的中。

「お前、短期間でここまで伸ばして、あと何十センチで全国大会やないか」

「――」

「あんな投げ方なのに、あとちょっとで全国大会ぜ」

「――」

「一年生からやっとったら、今年絶対に全国行っとうぜ」

記された一位の賞状を手に、少年の目の色がサッと変わるのが松隈にはわかった。

当時の全国標準記録は14m50。野口は県新人戦ですでに13m90くらい投げていた。十一月の冬季練習からは自分で黙々とやるようになり、只者ではない集中力をみせはじめる。

「やる気の泉」のようなものが人にあるのだとしたら、それが湧いて出たり出なかったりするのは偶然に過ぎないのではないかと私は思う。物事を知ることのできる環境があって、興味を引く出来事があって、面白く演出してくれたり応援してくれたりする人がいることで、やる気の泉は清冽な水を吐き出す力を得る。

野口が最初の選手だったので比較するものが何もなく、自分なりの練習方法も確立できていなかった。だからといって闇雲に辛いだけの練習を課すことはしない。自身が走高跳の選手だったこともあり、跳躍に関する練習はさせた。その時は訳がわからず手探りのところもあったが、今考えても跳躍練習は競技力に生かされ、野口にハマっていたのではないかと松隈は理解している。今の指導のベースにもなっているという。

ようやく陸上部員としての本格的な練習が始まり、遠慮のない指導ができるようになった。野口は松隈に対する態度をわきまえるようになり、少しずつ関係がつくられていった。

三年の九州大会遠征中、クーラー負けによる急転直下の体調不良にみまわれた。松隈の運転するワゴン車は高速道を南下し、会場の鹿児島へと向かった。後部座席に女子生徒が二人いて、野口は助手席だった。夏の盛りで車内のクーラーは最高の風量に設定されている。サービスエリアで休憩をとるため駐車場に車を滑り込ませた。サイドブレーキを引くと、うるさいくらいに元気な野口の様子がいつもと違う。血色が悪く、グダーッと脱力しているのだった。

「どうしたとや」

「キツいです」

「何がキツいや」

野口に言い返す元気はない。

「お前試合に来とうとぞ。試合に来たとに何がキツいとや。気合いの入っとらんね」

腫れ物のように接してくれたあの教師はどこにもいないのである。長時間クーラーに当たると場合により体調を崩すことなど、松隈は想像すらしていない。鹿児島市の鴨池陸上競技場に到着すると、野口は完全に伸びていた。

「おい、行くぞ」

「いいです。僕ここで待ってます」

「あーん？　とにかく行くぜ。中の様子を見とけ。お前は明後日やけん見るだけでいい」

車外から振り向くが、野口は一向に降りようとしない。近づき助手席を覗く。

「先生キツイです」

「何がキツイや。見るだけ見れ」

反強制的に競技場へと連れ出した。

「これがサークルたい。ここで投げるっちゃけん雰囲気つかんどけ」

「はい、わかりました」

しかし、サークルを一瞥しただけで、来た路をトボトボと戻っていく。やがて日陰に力なくしゃがみ込む姿に松隈は呆れ返った。鹿児島見物の気分にもなれないので早めに切り上げることにした。ホテルにチェックインしたとき、動いてもいないのに野口は汗みどろになっていた。あれ、本当に具合悪いとかな。松隈が検温すると、体温計は三九度近くを指していた。

「何でお前こげん酷かとに、何も言わんかったとや」

「言ってました先生。キツイキツイって」

宿舎に隣接していた病院にすぐ連れて行き、点滴などの処置をした。朝にはだいぶ熱も引いたが、競技場に行ける顔色ではない。試合に来なくていいから、とにかく寝ていること。腹が減ったらこれでも食べなさいとコンビニのおにぎりを渡すと、野口はこう言った。

「とてもそんな気分じゃありません」

平熱に戻った三日目、二日間寝たきりで身体もあまり動かないようだった。アップもしなくていいと伝えられ、ぶっつけ本番で臨んだ試合は15m50台半ばを投げて一位の賞状をもらった。

二年で初出場した市大会で10m、続く県大会で11m、秋の県新人戦では13m90と大躍進をみせ、そして15m。軌道に乗った野口は、指導者であれば巡り合いたい類まれなる素質を競技に発揮できる選手だった。人前に出るのを厭う性格も、砲丸投の記録が伸びた頃から変わった。校内体育祭の応援合戦では重い旗を懸命に振り続けていた。校舎に背を向け、逃げるように帰っていた一年前の少年はもうどこにもいなかった。

台風接岸で開催が危ぶまれつつ、風雨の中で強行された全中宮崎大会。男子砲丸投は大会最終日。野口が予選通過ラインを軽々クリアして進んだ決勝は、最後まで勝利の行方が知れない混戦となった。

五投目に野口が16m56と自己ベストをマークし二位に浮上する。だが最終六投目で一気に二人に抜かれ、四位で試合を終えた。

大会前は入賞が一つの目標だった。「とにかくベスト記録が出せたらよかろう」と話していたのに、表彰式の野口は表情が暗く完全にしょげている。二位、三位と八センチ差、一位にも二二センチ差という僅差がよほど悔しかったのか、それとも勝負の綾に対してだろうか。納得していないのは明らかだった。

野口安忠という人間は、ふつうの選手とちょっと違うのではないかという印象的なシーンが松隈にはある。その日のうちに会場を後にしたときのことである。同じ九州なので高速道を使えば夜半には帰宅できる。生徒五、六人でいつものように松隈のワゴン車に乗り込む。野口は運転席側、三列シートの最後部だった。

「あいつ一言もしゃべらないんです。なんも声かけても喋らん。様子みたらあいつ、泣きよんですよ。ずーっと。それ見たときにこいつ絶対強なるやろうなって。僕としては本人満足かなって思ってたんです。目標は入賞にしてたんで。でも、あいつは自分で優勝すると思ってたんでしょう。『目標は日本一』とか全然言ってなかったのに、本当は優勝が目標だったんですね。ルームミラーでチラチラ見ながら。ずーっと泣きよったですね」

控えめな冷風が車内を適温に調整していた。松隈はハンドルを握り、博多へとアクセルを踏んだ。

5

高校は九州共立大学八幡西（現自由が丘）高校を選ぶ。メニューは一年から自分で作成した。三年生が立てたメニューをみんなでやっていくことにのっけから不満を持った。これで本当に強くなれるのだろうかという疑問に支配されると、瞬く間に嫌気がさした。

「その時間って勿体ないですよね。自分の時間が人に操られている。これで三年間過ごすのが相当嫌になったんです」

顧問に談判した。週に一度は必ず練習メニューを提出し、結果が出なかったら先輩のメニューに従う、だから自分でメニューを作らせてくれないだろうかと頼み込んだ。早速ノートを買い、メニューを考えはじめたが、やってみるとそれはまるで過去に経験した趣味の延長に思えた。

「『ミニ四駆』知ってますか。モーターがあって走るやつ。僕らの時代、流行ったんですよ。その感覚でした。自分の身体をおもちゃ感覚で、脚回りを強化しようとか、軽量化のためにドリルで穴をほがしたりだとか。思い通りになって性能がアップしてくれると相当嬉しい。自分のことなんですけど、自分を客観視して走らせてるみたいな」

既存のシステムが必ずしもベターとは限らないが、集団であればそこに歩調を合わせなくてはならないことも多い。集団に居続け、なお且つ自分の考えを通すには、誰もが認める力をもつこと。この条件に野口は当てはまったのか、とやかく言う者は誰もいなかった。三年では順当に富山インターハイを制し、やがて日本大学へと進む。大学は七・二六キロ（十六ポンド）という一般重量の砲丸を扱う領域になった。ちなみに十六ポンドとは、ボーリング場にある一番大きなボールと同じ重さでもある。

どんな試合でも適度に張りつめていた。元来上がり症ではあったが、それは期待も大きく影響している。トラック競技の裏番組のごとく消化されるフィールド競技が、予期せぬハプニングのように沸きかえる、そんなひと時がある。洗い出されて選別された砂金のようにきらめく選手。そのとき、スタンドの視線が一点に注がれる。強くなりさえすれば主役として注目を浴びることができる。

陸上競技の華と言われる１００ｍも、スタンドからはトラックに居並ぶ八人が視界に入る。ところがフィールド競技は違う。走高跳や棒高跳であれば最後に残る一人、投擲であれば最後に投げる一人。そこは完全に自分だけのステージである。

「ご覧ください。日本記録保持者の野口選手が投げます」

アナウンスの紹介でさらに身が引き締まるのだが、その緊張感が嫌いではなかった。

自分の存在。人は一生懸命やったことを大事にすると野口は言う。子供の頃に時間をかけて真剣に作ったプラモデルは、たとえセメダインでベタベタに塗られていても宝物である。それを人からとやかく言われると無性に腹が立つ。しかし、存在意義の多くは他人の認知があってこそ成り立つことを彼はもちろん心得ている。

試合の心境を辿ると「無心」という言葉に行きあたる。試合では特段何かを考えているわけではない。それを考えている時点で終わっているという。試合で考えるとしたら何のために練習してきたのか。考えることは練習でさんざんやってきている。競技会は、記録更新への挑戦。それを前提としながら、それまでやってきたことを披露する場でもある。

周囲の環境。テントの位置や投擲を運営する設備、審判員の動き。それら些末《さまつ》なことに影響されることはほとんどない、と言いかけて野口は話を止めた。

「あっ、でもね。あるときとないときとあります。あるときは調子悪いときです。やはり調子が悪いときはいろんなことが気になってくるんです。調子が良いときは心が広いですよね。余裕があるから」

ただ、どんなときも環境に順応しようと心がけてきた。アジアの大会も多かったが、諸国を回ると予期せぬことがある。現地では一流と言われるホテルも、入ったとたんカビの匂いと湿気が漂う。香辛料が強すぎて口に合わない料理もある。しかし記録を出すためには、湿り気のあるベッドでも眠らないことには身体が休まらないし、味覚が合わなくとも食事を取らないと力が出せない。要するに自分に合わせた環境があるわけではない。そこに言い訳することは力不足を認める気がした。結果を出したければ環境を受け入れるしかないし、その適応力がなければ試合で失敗するという。

サークルの造りは各競技場で違う。専門的にどんな工法をしているのか知らないが、コンクリートも、仕上げの手法で変わる。国内の競技場もさまざまだが、海外ではさらに多様なサークルがある。日本のサークルは表層が紙やすり状にギザギザしているが、海外のものは鏡のようにツルツルし、ワックスをかけた体育館のようでもある。野口の経験からすると、日本のサークルは「安定」を望んでいる。抵抗があれば力を加えなくてはならないが、その力があったら投げる力に使ったほうがいい。海外のサークルは「攻めるため」のサークル。抵抗がないサークルを斜めに入ると滑るが、上から踏む、要するに技があると身体は止まってブロックできるという。

砲丸はどれも同じという訳ではなく少し好みはある。大会では、準備されている複数の中から自分の好みを選ぶ。検定を通しているのでどれも重量は同じだが、手に持つと何かが違う。競技が始まると選手が各々投げるので砲丸は交錯してわからなくなるはずだが、なぜか不思議とわかるのだという。俺が良いと思った砲丸を、今こいつが投げている。しかし、回収されて手元に届くタイミングが合わなければ待つことはしない。来ている砲丸を拾ってサークルへと向かう。

実力があれば飛ぶんですよ――細かい質問に入り込んだ自分をあざけるように野口はそう言った。

順番が巡ってきても試技を急ぐことはない。一旦拾い上げた砲丸をサークル際に置き、一人で興奮している。砲丸を持つとさらにカッとなって失敗することもある。そうなると、力の出しどころ、オンとオフの切り替えが乱れてしまうのだ。

自身を抑制する最善の方法は見つけていない。だから空を見る。

それで落ち着くことは少なく、さらに「ワ！」と声を張り上げたくなる。その様子から「野生児」といわれたこともあるが、むき出しの闘争心は自分で抑えようがない。

「サークルに入ったらすぐに投げろ」

高校と大学で指導者から言われたことだ。サークルの中にいたら血が上りすぎて失敗するからと。

もう一度、空を見て、地面に転がる砲丸を手にとる。

あらゆるスポーツの中で、爆発させる瞬時のエネルギーにおいて、投擲に匹敵するものは少ないのではないか。鍛練で増強された筋肉から放たれるパワーもさることながら、やってきたこと、練習や思いを、砲丸投であれば一秒あるかないかの一瞬に注ぎ込むのだ。心拍数、そして感情を高める。ほとばしり得るものすべてを上げていなくては力が出せない。

だから熱くなるし、熱くなれる。

冷静な選手も中にはいるが、野口はそのタイプではない。意識の中には観客などいない。例えるなら、すっぽりとはまり込んだ真空の中。周りの声もあまり聞こえない。

「サークルに入った時ですか。入った時、スーッとします。わからんけど。たぶん集中してるからだと思うんですけど、息が凄い吸えるんですよ。で、視力が良くなる感じ。なんかこう、色鮮やかに見えますね」

スーッとする。それが強ければ強いほど飛ぶのだという。サークルの、段差のない鋼鉄のアーチに足を踏み入れると同時に遠くのラインを見る。あそこに落としたい。それだけを目で考える。

そのラインが近づいてきたときは調子がいい。実際ラインが近づきはしないが、近く感じるのだという。メートルを示す石灰の曲線が14mあたりから引いてある。調子が悪いときは、18mや19mのラインを探せないときがあるという。そういうときは集中力が下がり、どこか雑になっている。

自分ではすぐ投げようと思うし、それを思い返すと笑いが込み上げるが、どうしてもそこから動き出せない。野口は真空状態が好きだった。それは癒しの世界でもあった。特別な世界にいるような癒される感じはこのうえなく心地よい。早く投げようとは思いながら、言われていることがわかってはいても、動き出せず無意識に留まってしまう。

俺、こういうヤツやけん――息を吸い、ようやく動き出す。

動き始めると何も考えてはいない。自分で自分の映像を見ていて、その映像に身体を合わせている。カタカタカタと動いていく映像にである。その中で時々コマがズレることがある。動作のコマは動き始めると修正できないから、それを次の試技までのインターバルに軽く動き直して再び試技を待つ。

「すっごい面白いです、投げてるときって。一秒もないじゃないですか。相当スローモーションです」

コマ送りの動画のようにゆるやかである。夢の中で走る、あの感じにも似ている。しかし、そこに心地良さはなく、どちらかというと苦しい。空気を肺に溜めて水の中を潜水しているようだ。

ただ、真空はずっと続いている。

音はほとんどない。砲丸が落ちた音もあまり聞こえないと野口は言う。耐えて解放されて、スーッと息が吸えて、自分が投げた砲丸を見る。

18m到達は大学四年の四月十二日だった。18m31の日本新記録。五月三日の福岡選手権で18m53に伸ばす。その試合ではファウルながら19mまで運んだものもあった。

実業団のコニカと三年契約を結んだ。実業団と契約できる投擲選手はほんの一握りである。選手は企業にとっての広告塔でもあり、見合った実績を残せなければ人員整理の対象となる。それは実業団選手が抱える共通の不安であり、その見限られかたは意外なほどシビアで早いこともある。会社から今後の契約について呼び出されたのは二年目の冬だった。

「そんなにすぐ次の仕事が見つかるわけじゃないから、一年間フルに職探しに使ってくれ」

そんなもんなんですよ。野口は苦笑いを浮かべる。会社から契約打ち切りを告げられたときの野口は、日本選手権五連覇中だった。実力者でありながらも再契約が結ばれず放り出される。野口のいう屈辱感とは、そういう背景を内包しているのかもしれない。

「自分の実力の無さです。スポットも浴びない砲丸投を三年間だけでも採っていただき、ありがとうございました」

会社にそう告げて、心の整理につとめた。大学にも一応伝えたが、卒業した一端の大人であり、自分の事は自分でやらなければと思った。一年間職探しに奔走するも、スポンサー契約できる企業は見つからなかった。春から無職になるかもしれんと父に詫びの連絡を入れる。街はいつしか、クリスマスの電飾でにぎわっていた。ボタンを押して受話口を耳に当てた。

「どうしたとや」

溢れてきた熱いものを悟られないよう、呼吸を整えた。

「もう駄目です。終わりました」

「わかった。ちょっと待っとけ」

いつもの野口とは違う沈痛な声だった。一度電話を切り、心当たりの知人を松隈大治はさがした。翌日仕事を休んで東京へ向かった。待ち合わせの新橋駅に黒っぽいウィンドブレーカーの野口がいた。

「どうしたとや」

1998年4月、男子砲丸投史上日本人初となる18m台（18m31）を記録した野口安忠（中央）。同年5月の福岡選手権で18m53に伸ばす

「もう終わりました」

人前では空元気を出す野口の性分はわかっている。食事をしながらゆっくり経緯を訊く。それから松隈は野口を連れて都内の知人を一緒に訪ね歩いた。

野口という砲丸投の選手で、世界選手権にほんの数十センチで出られなかったんですけど、もう少し競技を続けさせてやりたくて、練習環境の整う実業団を探しています。そんな主旨で当たった。

手を尽くしたが、これといった返答は得られなかった。まず、砲丸投という競技が相手に理解されなかったと松隈はいう。

「競技自体が地味で派手さもないし、世界とのレベルにも差がある。スポーツの世界だから実力主義的なところもあるので。すぐみなさん考えられるのは『世界で』とか、そういうところを持ち出されるんですね。日本でいくらトップでも、陸上競技場の隅でやっているような競技です。これが跳躍（棒高跳、走高跳、走幅跳）ならまだ派手さもある。やり投とか円盤投も遠くに飛ぶ。いかんせん砲丸投は15mとか16m、野口は18mとか投げよったんですけど、あれがどんだけ重たいもので、あそこまで飛んどうことがどれだけ凄いことなのかっていうのは、関係者しか分らないですよね」

結局決まらなかったが、東京で一緒に頭を下げてくれる松隈の姿は野口の胸奥に光を当てた。どんなことがあっても探そう、競技は絶対に辞めたらいかん。砂のようだった心の地を固め直した。

6

野口は18mを出す前、最初の日本記録を大学二年で樹立している。岡野雄司の持つ17m65を19センチ更新する17m84だった。すでに練習では何度も18mを超えていたという。この大台を公認として記録するのは時間の問題とされたがなかなか達成できず、大学四年まで持ち越されることになる。

その頃「精神的な壁」の存在に気付いた。

18mに至る伏線を辿ると、大学一年で参加したアメリカ遠征が一つの起点だった。最初の日本記録もこの遠征がなければ少し先送りされていたのかもしれない。このとき、世界選手権金メダリストのジョン・ゴディナがいた。そういった20m以上を楽々プット（投てき物を押し出す）する世界のトップ選手に会えたこととは別のところに、野口は強いショックを受けたという。それは自分と同じくらいの身長と体重の、ひょっとすると少し小柄なアメリカ人の学生が、19m台を平然と投げていたことだ。その現実を目の当たりにしたのだった。

それまで自分の中にも、日本人は身体が小さいから砲丸は飛ばない、不向きだという意識があった。国内でもその見方がまかり通っており、今の日本記録で納得している関係者が多かった。だが、この時初めて、野口はそのことに違和感を持った。日本人は身体が小さいからというけれど、現に自分のようなサイズの奴が目の前で19m飛ばしているじゃないか。ただ、アメリカでは21mや22mを投げる選手がいるから目立たないだけである。

「21m投げようと思ったら無理かもしれんっていうのは確かにあったんです。でも目の前のコイツは同じくらいの身体やし、コイツが19m投げとんやけ俺でも投げれるやろって」

それを知らなかっただけで、実際見て完全に言い訳できなくなった。日本人だから、身体が小さいから、というのは関係ないと感じたとき、「精神的な壁」がどこかで薄らいだのかもしれない。

18m云々にはあまり固執した覚えはない。日本にいれば18mは初めてということになるが、その頃には幅広い意識を持ち始めていた。日本人がまだ超えていないので目標ではあったが、「18」は「世界に出る」という過程における一つの目印でしかなかった。逆にそうでなければ、18mを超えなかったのではないかと野口は思っている。通過点であれば超えるが、到達点であれば厳しいものになる。そこにも野口のいう「精神的な壁」の鍵が隠されている。

アメリカでもう一つ感じたのは「日本人は都合のいい奴」ということだった。砲丸に関して、日本人はよく「体が小さいから技術で勝負しよう」という。だがそれはおかしいのではないかと抵抗感を示す。なぜならその技術はアメリカのものを真似ているだけであり、海外からきた技術の元を応用しているにすぎない。日本独自に考案・発展させてきたわけではないのだ。後ろ向きからグライドするオブライエン投法や、現在海外で主流となりつつある回転投法は、アメリカで流行って実績を上げたことで日本でも取り入れるようになっただけの話である。そういった技術面で日本が先行したことは一度もない。だとしたら、骨格は無理にしても筋力を強化するところまでアメリカ人に近づき、盗めるものはすべて盗んでやろう、そう思った。

こうして行き着いた理論は、まず身体の獲得であった。砲丸を投げる時間があったらフィジカルを海外選手レベルに近づける。そうしないと彼らがやっている技術が本当に習得したとは言えないのではないか。試行錯誤の末に、砲丸はあまり投げないスタイルを選んだ。以前から日本人は多投の傾向があると感じていた。百本投げなどもするし、少ない選手でも六〇本程度は投げる。だが、野口は二〇から三〇本程度に抑えた。しかも週二、三回で、シーズンオフになったら三か月間はまったく砲丸に手をつけなかった。このやりかたは従来の投擲選手になかったため、あまり理解されず、「砲丸を投げればもっと強くなれるのに」と練習を干渉されたこともあったという。

「タッパとかは同じやったけど、付いている肉厚もかなりあるし、何より筋出力的なものですよね。そこがやはり全然違いました。走って跳んでウエイトして筋肉を付ける。走りとジャンプで筋肉の使い方を知る。ひたすらやりました。全身アキレス腱、みたいな」

こうして野口安忠は独自の理論と境地を切り拓いていった。

継続。記録更新を狙うとか大会に勝つということより、競技を継続させていくのは本当に大変だった。敵は自分自身という、まさにその言葉通りであり、野口対野口というぶつかり合いで毎日バチバチと火花を散らしているように感じた。

矛盾したことはやりたくない。

日本人だから技術、でもその技術は海外からのパクリ。そこに矛盾が生じる。海外選手のレベルにたどり着くことはできないかもしれない。だが、たどり着く努力を。自分はそれをしていきたいと願った。振り返ったとき、砲丸投だけはどこかに疑問符がつくようなことをしたくなかった。

でも、一つだけ心残りがある。そこにある自分の唯一の後悔と、森千夏の姿勢とを重ね合わせる。18mを投げた時点で国内に相手がいなくなった。実際どんなに調子が悪くても勝てた。そこで海外に出るべきだったのではないか。森は後年、単身中国へ渡り技量を磨いた。

「本当は自分が下の立場になっていなきゃいけなかったんですけど、僕はそこで嘘ついちゃいました」

日本人には日本人のやり方がある。日本にいても、自分をしっかり持ってさえいればどこにいたって同じではないか。そんなふうに流していた。意思さえあれば実業団に所属していた当時は海外活動費も十分に捻出できた。

「でも本当は英語が喋れなかっただけなんです」

渡航すれば何とかなるのはわかっていても、言葉の問題は不安だった。問題点の尺度は人それぞれである。今まで一度も勉強で褒められたことがない、そこに行きついてしまうのだという。現地に精通し、各種手配などサポート役をこなすマネージャーでもいればいいが、すべて単独となるとやはり不測の事態も予想される。しかし、踏み越えられなかったのではなく、踏み越えなかった過去の自分が浮かび上がる。海外に出ていれば必ずしも成功するとは限らない。ただ、染みついて拭いきれない薄墨色の悔恨が今も取り払われてはいない。

森さんも決して中国語が堪能だったわけではないのではと質問をむける。

「だからそこの違いですね、僕との」

現在、自身の日本記録を破られたが、なぜか負けた気はしないという。他の選手を蔑ろにしているのではない。野口が18mの壁を破ると、数年後に幾人かの選手が続いた。だが、それは野口のつくった世界の中でやっているだけであって、まだ彼らの世界じゃないというのは気負いのない偽らざる本音である。精神的な壁。誰かが18mを超えてくれたから、誰かが門を開けてくれたから、その世界でやれているだけ。例えるなら、公園の門を開けてくれた、そこで和気藹々とやっているだけのこと。だから何も凄いことではない。なぜならば自分たちで超えたものではないからだと。

「唯一、僕自身が自分より上やなと思うのは千夏です。『あっ、こいつやるね』と思いますね。四つも下ですけど」

男とか女とか、力が強いとか、記録をどれだけつくったとか、そういう基準ではない。

自分よりアホやったんじゃないですか。空気のやわらぐ言葉を一つ置き、野口は続ける。千夏は砲丸と自分が一緒だったのではないか。たかが砲丸。だが、その「たかが砲丸」に対して、強くなりたい選手は人生を賭けている。人生を使っている。そうしないとそこまでできない。だから命を縮めたのではないか。おそらく身体の異変を感じていたはずで、競技がなければもっと早くに精密検査もできた。でも、どこかで砲丸の魔力が邪魔をしていた。野口はためらいながらも明確にそう推察している。

砲丸の魔力とは何ですか、と私は訊ねてみた。

「ハマってるってことでしょうかね。千夏がどういう経緯で陸上をしたかは僕は知らないですけど、僕なんかは取り柄もなんもないヤツで、ただ身体が大きくて運動能力が少しあったたっちゅうだけで、結局その、箱に、箱ですよね。人間の箱に対して魂を入れられたのは『砲丸投』というものだった。砲丸あっての自分、自分あっての砲丸。そんな感覚なんですかね」

社会人以降、森がさらに進化したことについてはこう分析する。

積み重ねの過程で、例えば社会人となったとき十のレベルだったとする。十のままだともう上がっているからキツイ。ギリギリのところから十一、十二、十三と上がっていくのは苦しい。

中国へ行くとき、ここを一旦ゼロに戻して、もう一度十に上がったのではないか。それまでと違った領域に入ることで、フィジカルだけでなくメンタルの面でも開花した。だが、野口自身はそれをしなかった。

「うん……だから僕がそれをできてたら世界に行ってました。と、思ってます。自分の陸上人生の中で汚点としている部分がそこです。そこが嫌です、相当。できればもう一回戻りたい、と思うほどです。僕から見て、千夏の競技には矛盾がないんですよ。だから自分より上なんです」

日本のトップクラスの選手たちは、日本陸連の合宿などで一緒になることが多い。だが、森は日本記録を出した頃から中国で合宿をするようになり、野口と共有した時間はそれほど多くない。同じ種目でもあり、もちろん顔見知りの仲ではある。印象として残っているのは、むしろ森千夏がまだ高校生の頃、日大のグラウンドへやってきて練習していたときのことだ。野口が大学生、森はまだ高校一、二年だった。

一線級の現役選手たちには、高校生の投げを悠長に観察している余裕などない。トップに立つ選手のストイックさなのかもしれないが、そんな暇があったら自分に集中していたい。それ以前に高校生の競技はお子様の競技であり、そのレベルは見るに値しないことが多いという。筋力が競技成績に直結する投擲は、トラック競技以上に一般と高校との開きがある。

先述したように野口自身はほとんど砲丸を投げないスタイルだった。一日に二、三十本投げると、あとはトレーニングに時間を費やす。ウエイトや跳躍、そしてランニングを織り交ぜると軽く四、五時間を要する。そんなとき、ふとグラウンドに目を移すと、森がまだ一人で投げていた。数時間前と変わらず、ただひたむきに投げ続けていた。お前いつまで投げるん。さすがの野口も少し気を取られて眺めたという。

森千夏の技能について野口は「左で回す投げ」と分析する。身体には右脚を中心とした右軸と、左脚を中心とした左軸があり、一般に右利きは右で回すほうを得意とする。だが森の場合は左で回すのだという。グライドは極端に速いわけでもないが、パワーポジションからの動きはべらぼうに上手かったと見解を述べる。

森の同期で、高校時代からインターハイを始め数多くの同じ大会に出ていたという田口佳奈がこんなことを言っていた。田口は八王子高校で円盤投や砲丸投にエントリーする投擲選手だった。

「グライドから投げに移る動作っていうのはみんな止まっちゃうんですけど、森ちゃんは止まらないんです」

一般的なオブライエン投法の場合、上半身は投擲方向に対して後ろを向き、背中を丸めた姿勢でグライドし、右脚、左脚と入ってくる。このとき右脚は膝を中に入れて重心の真下に巻き込んで接地し、母指球で地面を押す。多くの指導書にもそう書いてある。しかし本来右脚は、グライドしたときの力や反発をもらう場所なのだと野口はいう。力をもらった脚をさらに動かそうとする。一秒ない世界で片脚一本に二つのことをさせようとしている。骨盤は、右腰が左腰の位置まで回転しなくてはならない。右脚で押すだけでは骨盤が上手く回転しない。左脚の踵を踏むことでスペースが空いて骨盤がスムーズに回転すると、野口は砲丸投の技術について語る。

連続写真などで見ると、森の右脚のつま先がしばらく後方を向いている。これは、右脚で地面を押さずに左軸でまわしているからだという。中国へ行った影響かもしれないが、昔のビデオを見ても近いものは持っている。中国の技術は、右膝をつよく意識させられるので右脚ばかりに気を取られがちだが、その前に左脚の踵を踏み、骨盤が回転できるスペースをつくることを忘れていない。

「女子でこの技術ができているのは森千夏だけです。みんな、右脚ばかりに意識が行き過ぎるし、間違って捉えている指導者がメチャクチャいますね。千夏がこれを理解してできてるのかっていうのは、もうわかんないですけど。自分でやってる中で、アレンジしてこうなったのか、わかんないですけどね」

森千夏が残した「記録」について質問しようとしたが、気の利いた言葉が思い浮かばなかった。もどかしさに急かされ、繋ぎとして「値打ち」という言葉で訊ねてみた。値打ちという言葉は、口に出してみると驚くほど安っぽかった。

そうですね。一億円くらい。まず軽口を叩き、再び本質をぎゅっと掴んだ言葉で、私の愚問をたしなめるように答えてくれる。野口は話上手だが、それは頭の良さから引き出されている感じがした。通常の二倍くらい取材時間が経過しても、私はまったく飽きることがなかった。

「普通だったら、これからの砲丸投界の中でどうのこうのって言うんだと思うんですけど、たぶん値打ちは千夏の中にあるんだと思うんです。だれかが値打ちを付けるものでもないと思う。だって記録って抜かれるんですから。次世代に対して、日本人でもこれだけやれるよっていう、ハードルを高くしてくれたことは凄く良いことだと思うんですよね。でも、いずれはその18m22っていうのは抜かれる訳です。抜かれて、また抜かれて。三世代くらい行ったら、たぶん森千夏の名前は忘れられてる」

野口は日本人史上初めて一般男子の砲丸投で18m超えを経験した唯一無二のアスリートだった。今、競技場に行くと、大半の高校生たちが野口安忠を知らない。

「そんなもんですよ。でも、その記録というのはその人の中に値打ちがあり、周りが値打ちをつけるものではないんです」

世界に手を掛けた男はそう言うと、キャンパスの自販機で購入したブラックの缶コーヒーを口に運んだ。

第3章　昭和の名手

1

熊本弁のイントネーション。やわらかい顔立ちに優しい目元。質問の答えを最短で探し、無駄のない言葉がポンッと返ってくる。

競技を退いて二十九歳で結婚するとき、陸上競技に関するモノは実家に置いていくよう母に言われた。嫁いだ先にはトロフィーやメダルほか、写真一枚すら持っていかなかった。陸上と決別し、家庭人として堅実に生きてきた。現在の林を目の前にすると、どこをどう探しても過去の栄光とリンクしない。身長も高いか低いかでいうと高いほうではあるが、それほど目立つわけではない。この女性のどこにそんな力があったのだろう。重ね着をしたラフな服装は、これから親戚のミカン農家を手伝うためのものだ。だが、この人物こそ、「日本選手権女子砲丸投十連覇」の偉業をもつ、かつての名プッター・林香代子その人であった。

取材を申し込んだとき、林は渋った。林自身だけの取材であれば承諾は得られなかっただろう。森千夏さんを書く上で、ついては昭和の時代に突出していた選手として是非、という主旨を伝えた。森さんの話だから協力したいと応じてくれたのだった。

林香代子の名前を初めて耳にしたのは、オリンピックやプロ野球実況で知られる元NHKアナウンサー・島村俊治からだった。オリンピックでは岩崎恭子、鈴木大地、清水宏保などの金メダル実況、プロ野球では一九七九年日本シリーズ最終戦「広島対近鉄」などの実況で知られる。この試合は山際淳司のノンフィクション『江夏の二十一球』でも話題となった。森千夏の取材について、あるホテルのロビーで島村と話していたとき、それなら砲丸投の歴史も触れたほうがいいですね、林香代子さんは圧倒的でしたから、ぜひ調べてみてはどうです。そんな助言が取材の発端だった。

林は陸上を始めた頃、周りから聞こえてくる評価に鈍感なところもあったが、地元の大会でサインを求められたりするうちに、自分が注目されていることに気付きはじめた。しかしそれを鼻にかけるどころか、逆におこがましくさえ思えた。ただ「記録を出すのは凄いことなのだ」と、その価値を冷静に受け止めていた。

凡庸か非凡かで分けると林は明らかに後者だった。やがて期待された通り、予定された期間で女子砲丸投の日本記録を手にした。

日本記録を刻んだことを単なる通過点と捉えて次のステップへと向かう。やがて「オリンピックに出たい」という最終目標へ自動的にシフトしていった。

「大学記録をつくって、次は日本記録と思って練習していました。届いたとき、じゃあ次は何だろう、と思ったらオリンピックの標準記録があるんですよね。日本記録はその途中の一つでした」

ところが、オリンピック参加標準記録は、近づこうとするとその間合いを測るように少しずつ上がっていったという。

最初に日本記録を作った一九七二年はまさにそのオリンピックイヤーであった。五輪開催地はドイツのミュンヘン。女子砲丸投の参加標準記録は16m20である。六月、ミュンヘン五輪の選考会を兼ねる日本選手権に出場した。ライバル岡明美（最高記録15m52）との勝負も待っていた。

林が日本記録を出した約二か月後、日大四年の岡が、林を上回る記録を投げた。日本選手権は、日本記録奪還が懸かる林香代子とライバル岡明美との一騎打ちが注目を集めた。国立競技場は試合前から中止を宣告されてもおかしくないほどの悪天候だった。

「45番」。ナンバーカードをコールされ、雨粒の打ち付けるサークルへと歩み寄る。ソックスとスローイングシューズはどちらも白色で、水気を含んだその足元は重たい。いいようにピットを洗う雨風に体温を奪われていく。

水の粒子をまとう鉄球はやっかいだった。こういう日は前半勝負、とでも考えたのかもしれない。岡より先に投じた林の第一投は15mラインを大きく越える。15m65、ふたたびの日本記録だった。

一方の岡明美は、最初の構えから左脚を身体の前方に出してステップに入るという、加速を考えたグライドを実践していた。そして六投目には15m24の好記録をマークして二位の成績を残した。

渾身の一投で記録更新した林だが、ミュンヘン五輪の参加標準記録には55センチ届かなかった（四年後のモントリオール五輪では16m70とさらに引き上げられる）。

この年から十年間、林は日本選手権で一度も負けていない。前年、大学一年で出場した同大会で斎藤洋子（最高記録14m91）に敗れて以来、どんな大会でも日本人に負けた記憶はないという。

「勝負」という点で、林は日本女子砲丸投史上最強の選手だったのではないかと私は思っている。

連勝記録が途切れなかった要因の一つには、悪天候への対応も挙げられる。林は雨天でもそれほど抵抗なく試合に臨んだ。練習も天候をあまり気にせずにしていたという。雨降りの練習は砲丸が水に濡れると滑って飛ばないことがある。その中で、どうやったらいつもの記録が出せるのか。それは中学時代の恩師に徹底して教え込まれたことでもあった。

2

「雨の日に練習せんやったら勝てん」

それが長洲中学校（熊本県長洲町）陸上部顧問、中島正士の口癖だった。降雨時に室内で補強ばかりやっているのではなく、だからこそ投げなければ、大事な試合に勝てないという持論を中島はもっていた。なぜなら、雨天を理由に試合が中止されることはまずないからである。そんな日でも実力が出せるよう練習しておく必要がある。雨の日の練習には中島が立ち会ってくれた。それも一度や二度ではない。

「そこから投げなさい」

どれだけ雨脚が強まろうとも、林の投げた砲丸を投げ返してくれる。雨合羽のときもあればＴシャツのときもあった。なぜか常にサングラスをしていた。

長洲中は有明海を望む平屋の木造校舎だった。試合の近づいた雨の日、校舎から張り出すトタン屋根の下に林を立たせ、そこから投げさせたこともある。風邪を引かせないためだが、中島は土砂降りの中を無言で立っていた。そこから、林の放つ砲丸を何度も投げ返してくれるのだった。

どっしりと腰の据わった中島は、林が生涯に出会った指導者の中でひときわ怖い教師だった。

良い選手がいても、良い指導者がいなければ選手は育たないと林はいう。

「私の時代は日大の釜本先生、中京大は原先生。でも、とにかく私を陸上に誘ってくださった中島先生が、私個人にとっては一番。中島先生がいなかったら、まず陸上をやっていなかったんじゃないかと思います」

一九三三年、台湾に生まれた中島は、少年期に激動の日本を見た。台湾では優遇されていた日本人が、敗戦直後に一転、危険にさらされた。家族とともに命からがら日本へ逃げ帰った。

長洲町にある中島正士の自宅を訪ねた。広々とした日本家屋の玄関に現れた中島照代は、たいそう品の良い白髪の小柄な女性だった。林の一学年上で、中学時代は走幅跳で県一位にもなったという小俵（現杉本和代に同行してもらった。奥の台所からお茶を運んできたのはその小俵だった。中学卒業から幾年を経てなお、その間柄はずっと続いているのだった。

十数畳はあろうかという和室には、平成二十年七月、七十三歳で鬼籍に入った中島の遺影がある。

「主人を追い越しましたからね、もう私、満七十六歳になろうとしてますから」

当時の住まいは学校からほど近い六畳二間の借家だった。同僚を連れてくると、酒を呑んでいるうちによく喧嘩になった。陸上の大会に野球部やテニス部の生徒を借りていたが、その話題で言い合いになることもあった。

「もう貸してやらんぞ！」

「ちょっとこい」

憤然とした中島は同僚を外へ連れ出し、取っ組み合いになる。気性は激しい。だが、後腐れは一切なかったという。

中島はときに大勢の生徒を従えて帰宅することがあった。

「お汁粉作っといてくれ。今から六十人連れて帰るから」

陸上の練習を終えた休日の午後、身動きがとれないほどの生徒を押し込み、お汁粉を振舞うのだった。別の日には炊事場に生徒を立たせ、カレーや混ぜご飯を作ることもある。当時の教員は薄給だったが、近所の八百屋はツケが利き、支払いにはいつもボーナスが充てられた。

「こげん切り方するとよ」

台所で食材を切っている小俵和代に、照代が優しく手ほどきしてくれることもあった。生徒を連れてくることは、自宅で寂しい思いをしている自分への心配りだったのかもしれないと照代はいう。

夫からの頼まれごとが、今でも記憶の隅にある。それは大会の前日だった。

「親が来ている子供は応援しなくていい。親が来ていない子供ば大きな声で応援してくれ」

日頃は酒飲みでやかましくても、そういう気を回せるこの人に黙ってついて行こうと思った。

大会を終えると汽車で町へと戻る。長洲駅から学校へ向かう途中に照代の待つ中島邸へと立ち寄る。

「うちの玄関に優勝旗を持ってきて『おかげさまで取ってきました』と言われると、おめでとうって。ならまた、寂しい思いを我慢しよう、協力しよう、無いお金でもかき集めといて、いざというとき生徒さんにご馳走しようって、そういう気持ちになるんですよ。優勝旗見せてもらうと。彼の作戦だったんですよね、今思えば」

3

林香代子は一九五二年五月、熊本県長洲町に生まれた。出生時の体重が四〇〇〇グラムあり、まさに砲丸の重さと一緒だったのだと笑い話にする。

自宅は長洲駅のすぐ近くにあった。長洲町は、いくつもの市街地が点在するだだっ広い菊池平野に位置する。林が中学の頃まで町内には信号機が一つもなかった。

町は『長洲金魚』で名高い、金魚の名産地だ。オニヤンマがよく産卵していた、畑のように大きな素掘りの養魚池は、川が氾濫するとまたたく間に溢れた。大水が引くと畦道に金魚がうようよといて、少年たちはそれを掬うのが楽しみだった。「のどか」という言葉のあてはまる時代の回顧談である。

林は小石の散らばる砂利道で、近所の友達とゴム跳びをして日暮れまで遊んだ。夕餉の支度をしていた母の「御飯よ」という呼びかけに一日の終わりを知った。

一九六五年四月。まだ中学に入りたての頃、校内放送が流れた。

「一年生の林さんは体育教官室へ来て下さい」

数人の新入生と一緒に初めて会った中島は、長髪をなで付け鋭い眼光をしていた。各小学校の運動会を視察し、脚の速い児童をメモしていたのだが、お眼鏡にかなった生徒の中に林がいたというわけである。陸上部加入についての詳しい説明はなく、中島はただこんなふうに言った。

「あなたは陸上をしなさい」

林はこの時、一六四センチと女子部員の中ではひときわ大きく頭一つ出ていた。中学のスポーツでは技能や運動神経よりも体力がモノをいうところがある。だが周囲によると、入学当初の林は身体こそ大きいものの動作はそれほどでもなく、あまり陸上に向いている感じではなかった。活発にスポーツをするというより、どちらかというと大人しいタイプだった。

練習では徹底して走らされた。この「走る」という運動は投擲の成否を占う上でとても大事なのだと林はいう。

「砲丸投って皆さん、身体が大きければできるだろうっていう考えの方が多いと思うんです。そうじゃないんですよね。走力もあってジャンプ力もなければ飛びません。総合力なんです」

練習を重ねるうちに走りのタイムも伸びていった。中学時代の100m公認記録は13秒0だが、12秒台後半の走力をもっていた。短距離用のスパイクは装飾のカケラもない黒一色のオニツカ製。靴底に突き出ている土用のピンは取り外しもできず、あまりにも鋭利なため「剣（けん）」と呼ばれていた。競技場はまだどこもアンツーカと呼ばれる土の競技場だった。

一年の終わりに差し掛かる二月に砲丸を持った。そこでは8m28を投げたが、林の体格を考えると中島はさほど驚きもしなかった。ところが、選ばれし者の階段がその後に待っていた。三月四日に9m12、二年生となった四月十六日に10m12、五月十二日に11m39、翌日の十三日にもう一度投げたところ12m10。この頃には砲丸投を専門にするよう中島から言われた。

七月二十四日の放送陸上に砲丸投でエントリーした。そこで投じた13m09が、なんと全国一位に輝くのである。だが、中学二年の林がこれで砲丸投に没頭したのかとなると、とたんに雲行きが怪しくなる。まだ子供だった林にとって、実のところ陸上はあまり楽しいものではなかった。身体の辛さ以上に、気持ちのわだかまりが大きかったという。

社会人まで続いた競技生活で、中学の練習は際立って辛いものだったと強調して語る。熊本市で取材したこともあるのだろうが、話題は結果的に、インターハイや社会人よりも中学時代が多くの比重を占めることになった。

「お友達は夕方になったら帰るのに、なんで私だけこんな遅くまで練習せんないかんのやろ」

練習は日暮れまで、ほんと日が暮れるまで。懐かしみつつ何度もそう繰り返す。日が暮れてさえ終わらないこともあった。校庭に照明設備などあるはずもない。そんなときは、子供を迎えに来た親たちの車のライトを点灯する。完全休養日は隔週の日曜日のみだった。

夏休みに一週間、母の故郷である山陰の松江市へ出かけた。中島には断っていないので厳密にはサボリである。練習を休んで松江に行くことなど、とてもじゃないが言えたものではない。

林が陸上を始めた頃、母はあまり理解のあるほうではなかった。社会人で陸上を引退するまで「おなごらしゅうせんか」が口癖で、おなごがいつまでそぎゃん（そんな）ことばするかと説き、せめて髪の毛くらいは伸ばしておくようにと、事あるごとに釘を刺した。

松江行は陸上から解き放たれる久方ぶりのオフであったが、うかれ気分に浸れるはずもない。

「全然楽しめないんですよね、気になって気になって。先生が怖かったから、ただそれだけです。怒られるかな、どうかな、そればっかり」

松江から戻りグラウンドに向かうと、朝礼台であぐらをかいている中島がいた。いつもサングラスをしているので表情は見えない。中島の正面に立つと、えもいわれぬ緊張感に全身が包まれた。スッと何かが動いた瞬間、強烈な衝撃が頬を走り、すぐさま反対側にもきた。それは林が生涯に一度だけ味わったというビンタだった。しかも往復で。

「練習行け」

中島は一言だけそういうと、何事もなかったように、朝礼台の上に黙って座っているのだった。

林香代子が二年だった一九六六年の日本中学女子砲丸投十傑では、上級生を抑え第一位に名前がある。記録は13m83。なお、三種競技でも林は一位の座を獲得していることから、総合的な身体能力の高さが伺える。

冬期練習では、ハイジャンプのスタンド二つをテープで固め、バーベル代わりに持ち上げて体力を養成した。サークルから10m先に立てた二本の棒に、高さを計算した紐を結び、投射角度を意識した投げの練習もした。部員で砂浜走をよくやった。長洲中の眼前に広がる有明の海岸を北上し、ペラペラのウィンドブレーカーで荒尾市の近くまで潮風に走らされるのだった。

三年になると身長一六九センチ、体重六五キロと、中学生にしてはすでに十分な体躯に育っていた。三月中旬に14m台突破。三月二十五日から五日間は県の高校合宿に参加した。この時のコーチが、のちに高校で指導をうける西田親である。

七月の放送陸上では15m27の中学記録で二年連続全国一位となる。この頃、周囲の大人たちは記録が出る度に「凄い記録！」と騒いでいたが、林にはあまりピンとこなかった。中学記録すら、いつどの時点でなったのかわからなかったという。だが、新聞や陸上競技マガジンに紹介され、周囲の期待が膨らむのを日増しに感じた。

おおらかな性格の中にも、大成していく上で欠くことのできない資質が林にはあった。それは、一度でも一位になると次も絶対に譲りたくないという性分を持ち合わせていたことだ。

4

林香代子を語る上で「日本選手権十連覇」以外にもう一つ偉業がある。

それは三十七年間破られなかったという「中学記録」である。記録の価値を示すものに「更新されなかった期間の長さ」が挙げられる。なかなか更新されないというのは、並外れた記録の証左でもある。近年、日本人の体格は飛躍的に向上し、道具や技術の進歩もあり、陸上競技の記録は数年単位で目まぐるしく更新される感がある。そんな中、しかも中学の記録において「三十七年」というのは途方もない年月に映る。

記録は一九六七年十月三十一日の熊本県中学で出した16m16。同年度の中学十傑では、二位の選手と3m以上の開きがある。内訳は三位以下の八名が12m台、二位が13m12というから、「16m16」という数字は、失礼ながら「計測ミス」も頭をよぎるほど、常識とは隔たる数字である。

さらに、中学までの投げ方は、オーソドックスなオブライエン投法ではなく、左、右、左と地面に接地する、いわゆる砲丸投の入門的なステップで投げていたという。

だが、それはオブライエン投法という一つの運動力学に当てはまっていないだけで、どんなステップであろうと、要は砲丸が飛べばいいのである。いずれにせよ、この素人同然の投法が、林に三十七年間破られない記録をつくらせたのであった。

私は過去に二度ほど、このルポとは無関係なところで、その「伝説の記録」に偶然触れたことがある。まず、何の話題であったのか失念したが、ある中学の陸上指導者が「女子の砲丸投の記録が古くて、とにかく破られないんだよね」と言っていたこと。もう一つは日本中体連陸上競技部監修「陸上競技指導のすべて」という数本立て教則ビデオの砲丸投をまとめた巻の冒頭に、何十年も破られていない「最古の記録」として紹介されていたこと。どちらも二〇〇〇年代初頭のことだった。

私はその記録に少なからず興味があった。そして執拗に答えを求めようとした。

長州町は熊本県北部、島原半島へ航路をつなぐ玄関口にもなっている。この小さな町で、砲丸投の技術もあまり知らない一人の中学生が打ち立てた大記録である。小俵和代ほか、当時の陸上部員数人にこのことを訊ねてみた。だが、うむと考え込むばかりで答えはなかなか見つからない。

林香代子の純朴で素直な部分は誰しもが口にするところだった。そして、昭和四十年代初頭の頃はまだ、先生という職業はやはり「先生」であり、親も生徒も、先生は今以上に絶対的なものであったと彼らはいう。怒られても叩かれても、生徒は自分の非をわかっているから、わりと素直に認めるところがあり、それを家で言うこともなかった。言えばまた親に叱責される。

生徒や保護者からの敬意や信頼に応えようとする教師も多くいたのだろうか。そういう時代にあって、田舎の長洲町では尚更そんなものが色濃く残っていた。先生の言うことに対して、全く反発心を持たない訳ではないが、厭だと思っても「ハイ」と答えるのが当然の受け答えだった。林は、その「素直さ」を人一倍持っていたと彼らは結論付ける。だから中島も熱い思いで指導する。それに対して林は懸命に応えようとする。

「生徒」というのは自分より遥かに子どもであるだけに、「劣った存在」であると錯覚してしまう無自覚な教師も、おそらく沢山いるのだと私は思う。一方で、指導者の自分など簡単に超越するであろう何かを、子どもに潜む奥底に感じ取る教師もいる。中学時代の森千夏や野口安忠の恩師である平塚芳則や松隈大治がそうであったように、中島正士もまた林香代子には一生に一度の奇跡を見ていたのではないか。

章の冒頭で述べたように、林香代子は特別に大柄というのではなく、たとえば現代の女子柔道や女子相撲にみる重量級並みの巨躯な印象はまったくない。「素直で無欲」というふうに「人となり」をここまで記したが、逆に納得できないことはテコでも動かない強情さを私は林から感じてもいた。強情さは時に「引き受けたものには徹する」ことと背中合わせでもあったりする。

雨水を滴らせて無言で立ち続けた人。「親の来ていない子供ば大きな声で応援してやってくれ」と陰で言うことのできる人。その指導者から受けとるものが、きっと人一倍強く残るだろうなと思わせる何かが、対話をした林にはあった。最近のスポーツ界、特に若い人の間では、まるで流行語のようになってしまった「感謝」という言葉では決して括ることのできない、ズシリとした手応えのある記憶とでもいうのであろうか。非科学的だが、発信者と受信者の呼吸ががっちりと一致したとき、思いもよらぬ力が発揮されることもあるのではないか。

記録は塗り替えられるために在る。長年破られなかった記録を、あるとき、一人の選手が突破してしまう。すると、なだれを打つように幾人かの選手が現れたりする。それとは逆に、記録の更新がピタッと滞ることもある。

国内でタータンによる競技会が最初に行われたのが一九六〇年代後半。以降、競技場は進化し、道具や技術の進歩と相まって、既存の記録は次々に追い抜かれた。アンツーカの競技場の時代に残した先人たちの足跡は、軒並み抹消された感がある。特にトラック競技はそうだ。

だが、砲丸投の、特に女子の記録においては、歴代五十傑、あるいは百傑に古い選手が占める割合が高い。砲丸投をコンクリートのサークルでやるのは昔も今も変わらないし、それだけ原始的ともいえる、ある意味スポーツの原点のような競技なのである。だとしても、いまだに中学歴代上位の位置にある16m16の記録年「一九六七」は少なからぬ異彩を放っている。

5

林は高校・大学を通してほとんど遊んだ記憶がない。陸上以外の何かをしたいと思ったのは中学だけで、高校からは休みをもらっても「陸上のための休養」に意識がシフトしていた。いつも何かに追われ、まるで使命のように試合と練習を繰り返していたという。

「次も勝ってね」「あと少しで高校記録」と言われる。その期待は何をしていてもずっと付いてまわる。だが、苦しくてもそのプレッシャーから逃れたくはなかった。

「高校でも面白味はまだわからなかったんですけど、次も勝たなきゃって、そればっかり思っていましたね。記録を出さなきゃいけないんだ、勝たなきゃいけないんだって」

一年の高校総体は県大会を通過し、宮崎県延岡市で行われた南九州大会に進んだ。

中学の冬期練習で初めて四キロ（一般・高校用）の砲丸に触れた。重いな――掌にズッシリくる鉄球にそう感じた。中学用（二・七二キロ）で15m以上飛んでいたものが、12mくらいしか飛ばないことに「あー、こんなもんなんだ……」と幻滅にも似た気分を覚えた。しかし中学生にして、四キロを12mといえばかなりの好記録である。

「砲丸はこうやって投げるのか」

後ろ向きで動きだすオブライエン投法についてコーチの西田親から高校で指導を受けたとき、その特異な動作に戸惑った。

右手中指の付け根に四キロの重心を馴染ませる。高校ではすでに身長一七〇センチを超えた。黒のユニフォームに漢字で「熊本工業」。素足に白のスローイングシューズを履く。この南九州大会でも13m00と大台を突破して一位となる。まだ経験の浅い円盤投も二位という結果であった。

高校総体は広島市。林香代子はこのときまで砲丸投で負けたことがなかった。ところが、会場入りしてランキングに目をやると、自分の名前が三番手か四番手だった。一年としては上々だといえるが、やや気後れし、軽いショックを受けたという。やはり三年生はすごい。そう思いながら一位のところにある「岡明美」という三年の名前に心がざわついた。

断続的に雨の降りそぼる蒸し暑い夏の広島。試合開始を告げる主審の旗が振られる。

林は一投目に13m22。これが優勝記録となり、優勝候補の岡明美は二位にとどまった。

高校時代のインターハイでは、この広島大会が一番心に残っている。それは見知らぬ土地に遠征した高揚感に加え、「勝負」という二文字に心震わせた大会でもあったからだ。

翌年からは記録との戦いはあっても、勝負の相手はいなかったのではないかと、その結果から読み取れる。二年の群馬大会は二位に1m12センチ差、三年の和歌山大会では2m6センチ差という、それぞれ大差での優勝だった。

6

林香代子が大学から社会人にかけて、日本選手権で十連覇したことは前記した通りであるが、これは女子選手全種目において、円盤投の室伏由佳（女子円盤投・女子ハンマー投日本記録保持者。アテネ五輪代表）と歴代二人だけである。日本の頂点を決める「日本選手権」を十年連続制するという偉業は、大なり小なり誰でも想像することができる。

岡明美以外のライバルはいなかったのかと質問を向けると首を横に振り、強い選手は少なからずいたと答え、瀬尾ゆかり（最高記録15ｍ33）、宇住庵節子（最高記録15ｍ19）の名前を上げた。目を見張る「負け知らずぶり」とは裏腹に、力のある選手の挑戦をはねのけ、頂点に君臨し続けたのだった。

歴代の日本記録を戦後から平成まで年表に並べていたとき、私はあることに気づいた。それは、日本記録が出ている時期には単独ではなく複数の選手がいる点だった。

日本記録が密集している一九五六年から一九六二年にかけては吉田素子、小泉とし子、松田靖子、小保内聖子の四人が集中しているのに対し、その前後には空白がある。小保内以降に日本記録を動かしたのは林だが、同時代にもう一人「岡明美」の名が刻まれている。森千夏の時代も豊永陽子がいる。一九八〇年代後半の鈴木文（最高記録16ｍ22）だけが単独の日本記録という感があるが、その他の日本記録更新期には必ず好敵手がいて、腕比べの足跡をうかがい知ることができる。不思議なことにその前後は明らかな空白地帯、要するに記録が更新されなかった時期が数年間あるのだ。

「よく、十年に一人の逸材とか言われるじゃないですか。その事が、何か関係しているんですかね。でも、ライバルの存在って大きいですよね。あの人には絶対負けたくないって思うんです」

林の日本選手権連覇に土をつける可能性があったとしたら、岡明美だったのではないだろうか。本人も「岡さんの存在は大きかった」と話していた。高校一年のインターハイで顔を合わせて以来、林と岡のライバル関係は社会人でも続いた。前記したように両者とも日本記録を樹立し、ミュンヘンオリンピックを懸け

女子砲丸投で日本選手権に勝ち続けた昭和の名手・林香代子

て火花を散らしたのは、林が中京大二年、岡は日大四年の時だった。

林は日本記録を達成した頃から「16m」と練習日誌に毎日書き綴った。翌年の一九七三年五月に15m73と記録を更新。だが16m到達にはさらに四年の歳月を経ることになる。熊本県立熊本高校の教師になって三年目のことだった。「林香代子」という陸上界のネームバリューを学校職員は認知していたが、高校生たちには威光がそれほど通用せず、タメ口で話してくる生徒も多かった。

一九七七年十二月、第三回太平洋沿岸五か国大会が南半球である真夏のオーストラリア・キャンベラで行われた。林の記録は16mジャスト。大台到達の要因を、国体と日本選手権の好調を維持して、さらにウエイトトレーニングを続けてきたのがよかったと語っている。

外国選手のパワーは日本人とは桁外れのものがあり、まるで「お手玉」のように砲丸を扱う印象があった。林はこの大会、地元オーストラリアの選手に次いで二位。その差15センチと僅かに及ばない結果だった。海外の砲丸は、重量こそ一緒だがサイズが少し大きい気がしていた。手が大きめなこともあり、砲丸も大きいほうがよかった。

国内外のどんな試合でも、会場には十数個の砲丸が準備してある。その砲丸は、選ばないといったら嘘になる。見た目は同じだが、三つくらい手に持って比べてみると、しっくりくるものが中にある。その違いが何であるのかはわからない。そして、自分が良さそうだと感じた砲丸は他の選手も使う頻度が高く、人気が集中する傾向にある。一番良い記録を持っている選手が使った砲丸を、他の選手も見ている。すると、しだいにその砲丸が良いような気がしてくる。だいたい半分くらいの選手が同じ砲丸を使っていたのではないかという。

一九八一年十月、国立競技場で日本選手権が開催された。林はこの大会を最後に引退することを決めた。前年までに九年連続優勝。十連覇達成の行方が注目を集めた。

二投目に14ｍ57をマークしてトップに立つものの、調子は今ひとつ上がらない。三投目はファウル。ここから試合は思わぬ形で展開されていく。四投目に瀬尾ゆかりが14ｍ73で林からリードを奪う。自己記録では余裕で超えられる数字だが、林は四投目、五投目ともに14ｍ38とまったく伸びない。いつもと違う自分の投げに焦燥していくうちに追い詰められ、最終六投目を前にしてさすがに緊張した。

最終投擲を迎える前にふと、切なさにも似た感情がこみ上げてきた。

同世代の多くが若者の時代にいたとき、雨の日も晴れの日も、どんなに季節が移ろいだとしても、走って投げてトレーニングを積み、一日の最後には欠かさず日誌をつける。そんな日々を当然のように過ごしてきた。

青春の全てを支配した砲丸投。

もう本当にこれで最後なんだ――その昔、長洲町が大騒ぎになった中学記録も確か十月だった。

あれから十四年。十五歳だった林香代子もすでに二十九歳になっていた。砲丸を手に取り、呼吸を整え、サークルへと向かう。渾身の一投はやがて15ｍラインの向こうへと落ちる。

15ｍ59――。

六投目で逆転したのはおそらく初めてだった。二位の瀬尾に86センチもの大差をつけていた。

「日本選手権で十連勝できましたので、まあその辺りが、人生の一区切りがついたのかなと」

林はこの日本選手権で陸上競技を引退し、それと同時に熊本高校で三年間、大津産業高校で四年半勤めた教職も退職届けを出した。きっぱりと、違う人生を歩むことを決めた。

7

凄いですよね、18m。やっと16mしか投げられなかったのに。

「18」という数字は衝撃だったという。情報源は森千夏の大学の後輩でもある娘の智絵だった。

「本当?って感じました。17はまあ、17ね……って感じでしたが『18』を聞いたとき、私は何だったんだろう、と思いましたね。とにかく凄い記録ですよね」

森千夏の試合を一度だけ目の当たりにしたことがある。一九九八年秋、日本選手権兼日本ジュニア選手権が熊本で行われたとき、林は主審を務めていた。そこに、他の選手と異なる動きをする一人の高校生がいた。紫のユニフォーム。その選手に鳥肌が立ち、しばし目を奪われた。

「まだ高校生だったんですけど、森千夏さんが。鉢巻をこう巻いて、東京高校ですもんね。この子は伸びるだろうな、とは思いました。あー凄いなと。速いんです、スピードが。グライドも、最後の突き出しも速い。まあ正確に何秒かかったって言えば同じくらいの選手はいるかもしれないですけど、まったく『別物』ですね。見たらワーッと思う。これができるんだ、高校生でと思って。それができた選手は男子を含めて初めて見ました」

グライドからの突き出しが速くリバースも上手い。林が目を見張ったのはグライドにおける沈みからスーッと伸びた右脚だった。「この脚ですね」と森千夏の連続写真を指差しながら、そこには強い脚力と、後方へ進む巧みな重心移動があるのだという。

複数の選手が世界歴代上位にいる中国だが、森より少しだけ身長のある数人の選手が20mを投げていると林は指摘する。発展途上だった森には、その可能性が十分にあったのではないかと話す。

陸上競技の中でも特に砲丸投は魅力がないのだろう。森に続く選手の不在はそのまま、近年の記録低迷に繋がっている。

「こういうスター選手がですね、やっと18mに上げてくれた選手がいなくなったもんだから。ショックでしたよ、本当に」

林は悲哀とともに、大きな財産を失ったことが気になっていた。

これでまた元のレベルに戻ってしまう。

過去にも現在にも「砲丸投」という投擲競技がここまで注目を集めた、または注目されかけたことはなかったのではないか。元NHKアナウンサーの島村俊治は、砲丸投という競技は実況が難しかったと語る。テレビに映らないところで繰り広げられる、プッターたち個々の駆け引きを伝えたいが、砲丸投にそのような時間を取ることはなかったという。

二〇〇四年、アテネ五輪の懸かる日本選手権でNHKは、かつてない程に女子砲丸投のみどころを絞り試合の様子を放映した。実業団スズキの地元でもある静岡放送では、特番でその活躍を伝えることもあったが、そこでは森の個性や人柄が一役買っていた。アテネ五輪出場の知らせに林は心から拍手を送った。

「オリンピックに出るなんて夢のまた夢だったからですね」

十年以上、どんな大会であっても日本の選手に負けたことがないという驚異的な戦績をもつ林香代子ほどの選手であっても、オリンピックとなると事情が違ったという。

四年に一度巡ってくる五輪の参加標準記録を見る度に、「無理だ」という感情に支配された。オリンピックという場所は、林香代子をもってしても、目標の対象として可能性を感じさせない高みであった。それほど、当時も今も世界との差が実際にかけ離れている。そのことをいつしか悟ったとき、向かうべき最大の目標は「日本選手権連勝記録」へと、より傾倒していったのかもしれない。区切りの十連覇を果たし、完結し、やがてピットを去った。

生まれ変わったとしたら今度は砲丸投を選ぶかどうか、どうでしょう——そんな話をしていた時、表情がわずかに引きしまった。

「でも、もう少し練習やりたかったと思うんです」

森千夏が陸上界に登場したとき、年齢的には彼女と離れていても、なぜか心中穏やかではなかったという。やり尽くし、思い残すことはないはずの競技人生だった。しかし、絶対無理だと思い込んでいたものを誰かがやってのけ、証明したとき、ふいに去来するものがある。時代を問わず、そんな向こう意気を存分に持っていることがトップアスリートの資質なのかもしれない。

「18m、森さんが投げたでしょ。ああ、もう少し練習したら私もできたんじゃないかって、思ったこともありました」

でもこの右脚を伸ばすところがと、話はやはり元競技者らしく専門的であった。

林が少し考え込む質問があった。それは、数センチの更新すら難しいのに、森は数十センチ、はたまたメートル単位で自己記録をグングン伸ばしていることについてどう思うか、という問いに対してだった。合いの手を入れるほどではないが、ためらいによる数秒の沈黙が確実に流れた。

「あの……」

あらかじめ答えを準備していたかのような淀みのないそれまでのテンポとは違い、明らかに戸惑いの色がその表情に見て取れる。

「トップレベルの選手が、中学や高校の伸び盛りの選手だったら話はわかりますけども、トップに上り詰めた選手が1m伸ばすって、普通じゃぁ」

わずかに詰まった合間に、そこには何があるのでしょうかと質問を重ねた。林は選手時代、1センチすら伸ばすことができない日々が四年以上続いたこともある。日本選手権十連覇のように「勝負」は制したものの、彼女自身が刻んできた「記録」の推移から比較すると、森の数値、その伸び方の軌跡はやはり尋常ではない。林にとってそれは、思わず言葉を選び、頭を悩ますテーマであった。

「そうですね」

林の想念は過去と現在を行き来し、そしてまた口をつぐみ、少しだけ時間が流れた。

「私思うんですけど、練習内容がですね、ほとんど変わらなかったんですよ私。変えなきゃダメですね。

次から次に試合があるじゃないですか。一年間なら一年間試合に出ずに練習に打ち込める。そういう環境が大切ですよね。熊本にいて教員やりながら、巡ってくる試合に出て、『先生がんばってね』『次も頑張ってね』と言われる。この一年間、先生は試合に出ずに練習したいからって言えない。言えませんもんね。それを中国でやられたんじゃないかなって、思うんですよ」

実直さと、期待に対する責任という二軸が林の根底をなす強さであったのかもしれない。そして時代的なこと。時は、日本人が大リーグで活躍することなど想像すらできない七十年代である。大きな変革はある種の賭けでもある。そして、守るべきなにかを投げ捨てることも、今よりも多様性のない世の中では痛手となるのかもしれない。「守り」というわけでもないのだろうが、その心境を想像してみる。さらに、技術面を思い切って変革していくだけの情報、そして精神と時間の余裕。

「それができる時間が持てなかったですよね。その時間を持てるか持てないかで全然違いますよね。でもそれじゃダメなんです。レベルアップするためには」

元通りの礼儀正しく歯切れの良い口調で、にこやかに林はそう語った。

第4章　親友

1

陽は雲に隠れ、初夏の暑さはない。

池田の運転で目的地に到着するや、車体を叩く猛烈な通り雨の音に包まれた。入り口に車を横付けして私だけ先に降ろしてくれる。混雑するカフェ店内の順番待ちで珈琲談義をしたあと、隅の席を店員に案内され、ようやく人心地つく。

ほんの数週間前、日本選手権で池田久美子は引退を発表したばかりだった。自身五度目となる世界選手権出場はならなかったが、ラストも６ｍを超える跳躍をみせた。そんな運動選手のイメージと、向き合っている人物とはどこかギャップがあった。協力的でとても取材しやすい人だと思った。ふわっとした雰囲気の中に目だけが意思の強さを宿している。

池田久美子――女子走幅跳における日本記録保持者。一九八一年一月十日、山形県酒田市生まれ。早い時期から注目を集めた選手で、小学校から驚異的な記録を積み上げた。十二歳の年齢別世界最高記録は、女子走幅跳において彼女が持つレコードの一つである。

実家の営む蕎麦屋近くの路地に、「陸上の原体験」ともいうべき幼少時の記憶がある。店が忙しくて子供に構ってやれない父の着想だった。

L字フックを、路地の両脇の塀に取り付け、ゴムひもをかけた。衣料用ゴムは白くて目立つ上、少し幅広で視認が利き耐久性もある。

長さ約20m、幅4m程度。アスファルト上に完成したハードルのレーンだった。ゴムの位置はことのほか高い。低いと簡単に飛び越えて飽きるため適度な高さにしてあった。

「これで遊んでいいぞ」

まずはゆっくり歩いてピョンと跳ぶ。そのうち走って越えられるようになる。跳ぶことの楽しさより、父が用意してくれたもので遊んでいることが大きい。跳ぶ姿を見てほしくて、できるとすぐさま父を呼びに行く。

「父さん、見て見て」

「おっ、すごいな久美子」

元高校の体育教師だった父は褒め上手で、その身振りや声のトーンは愛情を存分に表していた。

陸上の大会で全国遠征する度に、各地の蕎麦を食べ歩いたという父は、その蕎麦好きが高じて一念発起。十三年間奉職した高校教師を辞し、蕎麦屋を開店したのだった。

ゴムを高く、間隔を広くすることは自ら提案した。難しいことをやったら褒めてもらえると知り、やがて挑戦が生まれた。何度も練習してまた父を呼びに行く。

「おぉ、久美子すごいなぁ」

ある日、ゴムの一つを遠くへ跳んで遊んでいた。傍らで父が見ていた。

「今度、幅跳びやってみようか」

「何それぇ」

「ここには砂場がないから、競技場に行くか」

初めて見た競技場の砂場。何この白い板みたいなやつ。踏んでいいの？　緑のゴムも何でこんなに柔らかいの？　何これ何これと興奮のあまり質問魔になった。全てが未体験で不思議な世界だった。

「ちょっと横で見てろ」

助走路を駆けてきた父が跳ぶ。動物のようなその跳躍に、池田はひっくり返るほど仰天した。こんなに長い距離、人間が空中を跳べるということ。父のあとに自分も真似してみたが距離はもちろん届きはしない。娘に跳躍を披露できるほど体力を残していた父は、仕事の傍ら地元の陸上クラブでコーチを務めていた。池田も同じクラブに入り、父がそのままコーチをした。特段「何をしなさい」と言われたことはあまりなく、実際に父がやって見せてくれることをマネしていた。

大会では、どの子よりも遠くへ跳べた。

小学五年で４m46という十歳の年齢別日本最高記録。翌小学六年の全国大会では、大会記録を21センチ更新して５m14。これも十一歳の年齢別日本最高記録。十月には５m18にまで記録を伸ばした。

競技成績に比例して取材も増えていった。地元のテレビは「将来のオリンピック候補」「天才少女の出現」と池田を特集で報道した。

カメラを向けられてもどこを見たらいいのかわからず逃げたことがある。会場のトイレまでやって来る取材者もいた。結果を残せばメディアは取り上げる。それは選択できることではないが、できれば競技だけをやっていたかった。

競技をするなら、まずあいさつをきちんとすること。逃げるんじゃなく、嫌なら嫌と言わなければ伝わらない。人見知りの池田を、優しい父がピシャリとたしなめた。

2

酒田三中に入学した七月、6mにあと8センチと迫る5m92をマークする。十二歳の年齢別世界最高記録を上回るばかりか、十三歳の日本最高記録5m73を凌ぐ大記録だった。

注目はさらにエスカレートした。週刊誌にも掲載されると、買い物をしていても声をかけられ、指をさされることも日常となる。人間不信。何をしても見られるから嫌だった。

全中は走幅跳で一、二年と連覇。三年は山梨大会だった。陸上専門誌は大会前から「全日中の主役」として見開きに大きな写真で取り上げていた。会場では、すれ違う中学生の多くが振り返る。遠くから「あの人よ」という声の連続。中学生は大人以上にヒソヒソが酷くてそれが痛かった。

宿泊したホテルの浴室。脱衣所で全身バスタオルにくるまっていると誰かがやってきた。

「すみませーん」

この人誰だろう。目がクリクリして可愛い人だと思った。池田久美子さんですよね。まるで芸能人を見るような目でその子は言った。面白い人だ。こんなふうに距離を詰めて堂々と話しかけてくる中学生は後にも先にもいない。

「砲丸投をやっているモリチナツです。うわぁ。本物の池田久美子だぁ」

湯気のようにおぼろげな出会いだったが、「モリチナツ」という名前だけが記憶の片隅に残った。

予選は6m02で楽々通過。決勝の一回目は踏切板にほとんど乗らない跳躍だったが、大会記録を2センチ上回る6m10をマーク。二、三回目は追い風参考で6mゼロ台。記録は伸びないが、5m80にも及ばない他の選手の中にあって優勝はほぼ安全圏だった。大会前は走幅跳のほか、100mハードル、三種競技B、400mリレーと、優勝が狙える種目を揃えた。迷った挙句に中学記録更新のかかる走幅跳と、二連覇を目指すリレーにエントリーした。走幅跳とハードルは、中学より上のステージに出場しても十分勝負できる力を備えていた。

七月に山形選手権で初めて出場した一般用100mハードルでは、高校生以上の競技者を差し置き優勝。一般用は高さ84センチと、中学用の76・2センチより約8センチ高く、ハードル間も50センチ長いが、池田はほんの数日練習しただけだったという。城島直美（常盤）が八三年に出した14秒31の中学記録を予選から破ると、決勝ではさらにタイムを縮めて14秒01。インターハイに出場しても三位入賞できそうなタイムだった。

全中決勝。ベスト8が決まった四回目。追い風を考慮してホームストレートを逆走する助走から、中学記録を思わせるビッグジャンプを見せるも、あと2センチ届かない6m12。追い風は公認ギリギリの2・0m。これが最高記録となり、全中の三連覇が達成された。この6m12という記録は、同年インターハイの優勝記録6m09（追い風参考）をも上回っていた。

女子走幅跳の中学記録は福島国体で出した。記録は6m16。従来の記録を2センチ更新した。走幅跳のほか、中学・一般それぞれのハードルでも中学記録を塗り替え、どちらも同じ13秒78だった。「非凡」とは如何なるものかを存分に知らしめた中学時代だった。

3

池田久美子が日本陸上界で再び注目を集めるのは十九歳である。福島大学の二年生になっていた。二〇〇〇年の日本インカレで自己新の6m29を跳び優勝。中学の国体で出した6m16を更新するのに五年の歳月を要した。だが、ここから池田の快進撃が始まる。十月の世界ジュニアで6m43のジュニア日本新。「ジュニア」とは、満二十歳未満の競技者を対象としたもので、早生まれの池田はこの条件にあてはまるのだった。環境の変化から低迷した高校時代の長いトンネルを抜け、再び陽の当たる場所で世界へ向けて動き始めた。それまでのかがみ跳びから空中でも走行しているようなシザースに変更。この動作はレベルの高い選手に有効な跳躍法だとされている。

二〇〇一年、前年からさらに波に乗る池田は春先から好調だった。兵庫リレーカーニバルでは追い風参考ながら6m57、静岡国際では6m50。同年に控えていた世界選手権の参加標準記録はA6m75、B6m65。B標準すらこれまで日本人が破ったことはないが、可能性だけは窺わせる成績だった。

日本選手権。100mハードルに自己ベストの13秒38で初優勝し、身体のキレは上々の仕上がりをみせていた。ハードルと走幅跳は「走ってジャンプする」という点が似ている。ハードルを始めたのは、運動の性質が似ているのもあるが、ハードルによって走幅跳の踏み切りを鍛えるためでもあった。

池田は走幅跳でも抜きん出た実力者に成長していることを印象付ける。時のいたずらか、後のライバルとなる花岡麻帆も池田と同じようなレベルになりつつあった。この試合は、日本女子走幅跳を新たなステップへとシフトさせる。

一回目の試技だった。十八人がエントリーした中、七番目に登場した池田はファウル。試技は進み、しばらく何も起こらなかった。十七番目にピットに立った花岡の助走はいつもより速いというわけではない。だが、ジャストに踏み切りがはまると思わぬ飛距離をみせ、7m近いところに着地する。池田は見ていなかったが、国立競技場の歓声で何かが起こったのを感じた。

6m82、追い風1・6m。

九五年の高松仁美と、二〇〇〇年に花岡自らが樹立した日本記録6m61を21センチ更新。世界選手権のB標準どころかA標準をもクリアし、今季世界ランク四位に相当する記録であった。池田にとっては、このところ三試合で負けたことのない花岡の快跳。一気にボルテージが上がる。

国立競技場を再び沸きあがらせるまで時間はかからなかった。二回目の試技。今度は池田が、砂場に7m近い痕跡を残すのである。

6m78、追い風0・7m。

花岡には及ばず、数分差で日本記録にならなかったものの、従来の記録を17センチ上回り、今季世界ランク七位に。A標準もクリアし、女子走幅跳では日本人として初めて、しかも二人同時に世界選手権進出を決めたのだった。

カナダ・エドモントンで開催された世界選手権。「世界陸上」である。日本選手団最年少、二十歳の池田は大舞台を思い切ってやるだけだった。試合会場の様子は、前年の世界ジュニアと似たような雰囲気だと思った。

池田は海外の試合が好きだった。基本線は押さえているが、運営はわりと大雑把な気がして自分に合っていた。審判員や補助員が何を言っているのかわからないので乱されないし、観客は盛り上げてくれるので跳びやすい。

予選通過記録は6m70。走幅跳は予選通過記録を超えなくても、上位から十二人までが通過できるルールである。予選で認められる三回の試技を終え、池田の最高は、花岡の6m43を少し上回る6m49。6m40台には六名がひしめく混戦だった。この結果、花岡は十四位で敗退したが、池田が十一位でクリア。その差6センチが二人の明暗を分けた。

池田を待っていた世界陸上決勝は、予選とはがらりと雰囲気が違った。どの選手も怖いくらいに集中して迫力に満ちている。ベスト8に残れず三回で終わり、順位は予選と同じ十一位で6m44。世界の舞台であっても走れていた。疾走の清々しさだけを残しエドモントンを後にした。

4

ある大会で、同じ日本代表となった投擲選手がふいに話しかけてきた。

「覚えてる？」

名前を聞いて、あっと記憶がよぎる。

「お風呂場で会った」

「そうだよ」

存分に人を変えるだけの時間は、別人のように身体を変容させていた。だが、彼女の面影は紛れもなく、あのときホテルの脱衣所で会った中学生。

その後日本インカレや日本選手権で会うと、どちらからともなく言葉を交わすようになる。何故かしら気の合う森千夏とは、いつの間にか「森ちゃん」「久美ちゃん」と呼び合う仲になった。

実業団は二人そろって静岡県浜松市に本社を構えるスズキと契約を交わす。

社会人となってすぐの五月上旬、岐阜市長良川陸上競技場で行われた中部実業団対抗選手権に出場した。実業団対抗の得点制で総合優勝が争われるため、専門種目以外もエントリーする選手が多い。４００ｍリレーにも誰かが出なければならないが、長距離主体のチーム内に短距離選手を揃えてはいない。そこで二走に池田、「バトンを貰うだけだから」という理由で森千夏がアンカーになった。

「森ちゃん、10ｍのスタートダッシュしようよ」

２人そろってスズキと契約。「森ちゃん」「久美ちゃん」と呼び合う仲に（© 月刊陸上競技）

ホームストレートにスターティングブロックを設置して二人で練習した。ちょっとした注目を集めていることに気付いたが、「いいよ、気にしないで」と池田が言ってダッシュを続けた。

スタブロから同時にスタートする。驚いたことに、三歩目までは森の方が池田より速い。すぐに池田が追い抜き、最後は流して止まる。

「久美ちゃん速いよ、待ってよ」

レース本番でアンカーの森にバトンが渡ると会場が沸きに沸いた。大きな身体がさらにホームストレートを駆け抜けるその速さと迫力にどよめきが起こった。そのまま一位でゴールし、スズキも対抗戦総合優勝を飾った。

パリ世界陸上の最終選考会である日本選手権で池田は苦戦していた。春先から今大会までに6m60のB標準を一度もクリアできていなかったが、それはライバル花岡麻帆も同じだった。

花岡が6m41でリード。二回目に池田も6m41と花岡の記録に並んだものの、セカンド記録に勝る花岡のリードは変わらない。池田は四回目が終わって三度のファウル。調子そのものは悪くなかった。

五回目が終わりラストの試技を迎えるまでの間、リード脚は上ではなく前に出すイメージを確認した。待機場所を出てウォーミングアップを始める。

目が合う。

跳躍ピットのすぐ前に表彰台があり、ちょうど森千夏が表彰されているところだった。スズキの黄色いウエアは会場のどこにいてもよく目立つ。森も池田を気にしてキョロキョロしていたのだろうか。世界選手権B標準を大会前からすでに超えていたが、この試合でもやはりB標準を出して優勝を手にしていた。池田を見つけた森は満面の笑顔で表彰台からこちらを見ていた。

「久美ちゃん頑張って！　一緒に行こうね！」

厳かな表彰式の空気を感じて池田は慌てる。もちろん――最後のジャンプ見ててよ。

ラストチャンスの六回目。スパイクが掴むタータンの硬質な感触。踏み切り、滑空する砂上。これまでの五回より遠い痕跡を残して砂場から立ち上がる。跳躍後はいつも必ず振り返り、着地点をしばらくじっと眺める。

判定が耳に届く――6m64。

この土壇場の、まさにワンチャンスで掴んだ奇跡のB標準は、池田のセカンドベストでもあった。

ベンチに腰を下ろし、スパイクの紐を結び直す。後から跳ぶ花岡麻帆の跳躍は見ない。誰かに指示されたわけではないが、小学生から自然とそうしている。人の跳躍に影響されて自分のイメージを崩さないためなのかもしれない。花岡も同じく人の跳躍は見ないという。その花岡が、ラストで大きな跳躍を見せたことが観客のどよめきでわかる。判定でもう一度スタンドが沸きかえる。

池田に迫る6m63。

この記録もB標準だが、同じB標準であれば日本選手権に優勝した選手だけに出場権が得られる。その差1センチ。最後までどちらに転ぶかわからない際どさは見応えがあり、女子走幅跳はこの大会で最も感動的だったと言われた。池田の記念すべき日本選手権初優勝だった。

森がまだいてくれた。涙で濡らしたままの顔を向ける。

「行けるよ!」

なんだか楽しいな——仲間のいることを心強く感じた時間だった。

5

女性で唯一の同年代である森千夏が、代表にいるのといないのとでは大違いだった。八月のパリ世界選手権が迫っても、森が一緒なので安心していられる。普段は練習場所も異なるため、なかなか会うことができない。池田は福島、森は東京に拠点を置いていた。大会のたびに東京発下りの新幹線で待ち合わせた。

「久しぶり」

「元気だった?」

髪型が変だ、服装が変だ、そんなことないよ、それからずっと話しているうちに新幹線は浜松へ向け進んでいくのである。お互いマイペースなので何を喋ったのか次第にわからなくなる。往々にして「そうだよね」というセリフが飛び出したときはかなり危険。相手の話題に相槌を打ちながらも頭の中ではすでに違うことを考えている。「そうだよね」とうなづいておきながら、いきなり違う話を持ち出す。挙句の果てに「今、何話してたっけ」となるが、たとえ噛み合わなくても、森といるとやすらぎ、お互いにゆるゆると弛緩されていくのだった。

スズキ時代の池田（左）と森。大会の帰途に犬と触れ合う

池田久美子には、陸上とは関係のない友人も沢山いる。だが、「凄いね」と言われることが多くなり、そうなると自分を出せないこともある。その点、森千夏の前では素の自分でいられる。スズキの寮でもたいてい、いつも一緒にいた。

「この速さがすごく大事なんだよ」

砲丸投のグライドについて森はそう言った。だけど、グライドだけ速くても上半身が遅れると投げられない、そのタイミングが重要だと、しばし単独講習会が続いた。

「やってみる?」

寮の廊下で、言われた通りにグライドをしてみた。何がそんなに可笑しいのだろう。自分が動くたびに森はずっと嗤《わら》ってばかりいるので、だんだん不愉快になってくる。

「じゃあ、ちょっと見せてよ」

大きな身体を屈めて小さくなり、弾けるようにシュッと動く。これね、遊びだけど練習になるんだよ。小さくなる、シュッ、小さくなる、シュッ。

池田は、森の動きを見ているうちにできそうな気がして、性懲りもなくまたやってみる。だが、足元はおぼつかない。細身の身体にはグライド動作が似合わず、何度やっても頼りないのだ。

「何?　久美ちゃん変だよ」

「だって幅跳びだもん、私」

「じゃあ、グライド競争しよう」

ヨーイ、ドンでスタートを切る。連続するグライド動作。森の速さに全く追いつけはしないが、それでもしばらくグライド遊びに高じたのであった。

寮では、毎朝のように森千夏を起こしに行った。長電話やゲームで夜更かしをしているため、携帯を鳴らし続けても一向に目覚めない。深夜一時くらいまではどちらかの部屋に二人きりでいたが、森の夜はそこからが長いらしい。前もって伝えてあるので部屋のカギは閉まっていない。揺り起こすと目を開けて池田の顔を見るが、また眠りに落ちる。やがて本当に目覚めると「いつから来てたの」と寝起きの顔で言う。出発準備をするのも愚図で、モタモタと手間取る。何でもテキパキ済ませたい池田の基準からすると、森の行動は全てが遅い。いい加減にしてほしい。

「森ちゃん遅いよ！」

「久美ちゃん早すぎるんだよ！」

試合ではよく競技時間が重なり、走幅跳のピットから斜向かいでやっている砲丸投を見ていた。試技は、お互いに六回と六投。「いないかな」と向ける視線の先にはいつも黄色のユニフォームがある。

あれほど穏やかだった気性が時間ごとに研ぎ澄まされ、スイッチの入った森がサークルに立っている。磨き抜かれたスピードから砲丸を放ち、競技場に叫び声が響き渡る。

熱のあることが大前提であるはずの「試合」という場に潜む平坦さと、微かな馴れ合いの怠惰を、根底から揺さぶることのできる迷いなき表現者の姿だった。池田はその速さと声の融合に、他を圧倒する森千夏の凄さをいつも感じたという。

注目選手の森千夏は試技の前後に場内放送されることも多い。走幅跳と並行して砲丸投の試合の流れを無意識に追いかけることもある。森に記録が出ると、自分もなぜか行けそうな気になる。

大学二年の初頭からすでに日本記録を手にしていた森を、どこかで羨んでいた。世界大会を経験しても、日本選手権で優勝しても、樹立していない日本記録には特別な渇望があった。

「森ちゃん凄いな」

「久美ちゃん、私まだまだだよ。だって、世界に行っても相手にされないもん」

謙遜ではなく、日本記録は何も凄くなんかないということをしきりに繰り返していたという。その意味は砲丸投と走幅跳を客観的に比較するとわかる。日本記録を出しても世界が遠い砲丸投。片や日本記録を出せば世界大会の上位すら伺う可能性もある走幅跳。

森は練習の拠点を母校の大学に置いていたが、練習環境にナーバスな面をよく見せていたという。日本のスポーツ界は往々にして、組織の人間関係をまず無視できない。だが、森には実質本位な考えがあった。自分が最大限に成長するためには何を信じ、何をしていくか。それを心置きなく自分が選べないものか。中国にいると自分の今がはっきり見えてくる。日本の練習ではそれが見えない。しかし、それでも受け入れなければならないことがある。何かを変えようとすることは、正しいかどうか、合理的かどうかの前に、相手がそれまでやってきたことを否定することになる。そして誰かが気分を害することも気にかかる。

「そんなの、どんどん中国に行ったらいいよ」

スポーツ界の縦社会に感じる矛盾と、思うままに自由な発想で飛び出したいという二つの葛藤を聞いて、池田はそんなふうに話していたという。

「森ちゃんは砲丸が大好きでした。だけど、自分がここにいても強くなれないってよく言ってたんです。日本にいても、これ以上は絶対上には行けないって。合宿で中国に行ったら自分が全然弱くて、強くなるにはやっぱ強い国に行かなきゃならないと。森ちゃんの頭の中、ずっと中国でした」

自分が上だと思っていたものが、外へ飛び出すと下になってしまい、モチベーションまで下がる選手がいる。森の性格はその真逆だった。強くなりたいなら、自分が弱い立場にいたほうが具体的に上を目指していける。困難であっても高いレベルに身を置くことで理解できる技術もある。

ところで、森は良くも悪くも性格的に一途になりやすいところがあった。中国の例にとどまらず、一度良いと思ったものにはとことん突き進まないと気が済まない。

「あの人カッコイイね」

気になる人ができると何度もそのことを繰り返す。最初はもちろん聞いているが、何度も同じことを聞いているうちに池田はいい加減イラついてくるのだった。

「何回も聞いたよ！」

「何回も言いたいんだもん！」

森は衝動買いも多かった。日本記録を出すと会社から賞金が貰える。そんなとき、欲しいものがあるとつい買ってしまう。だが失敗も多く、すぐに飽きてしまうこともしばしばだった。

「やっぱりこれ、必要じゃないな」

「じゃあ、なんで買うの」

「なんか欲しかったんだよ、その時は」

二度目の世界選手権。前回、初出場にして決勝に進んだ池田は大いに期待された。だが、大会までの調整がスムーズにできなかった。

一回目は６ｍ15。出だしの一歩でダメだと直感した。いつもであれば、ここで整理して少し修正を試みる。自信は影を潜め、迷いつつスタートを切った二回目は途中で止めてしまった。スピードと踏切について池田はこう話す。

「私は助走距離が二十歩で、ほんのちょっとした狂いはスピードが落ちると出ますね。何かこう、心地良さも変わるし。たぶん見た感じはわからないんですけど、自分の感じる感覚は凄く違う。だから、気持ち悪いっていうんですかね、ちょっとしたズレが。気持ちがダメだと人間ってやっぱり、身体がしぼんだり、動きに出てくると思うんです」

無風のなか一縷の望みを繋いだ三回目。最後の助走を上手く刻めないので踏み切りのタイミングも合わず、記録は６ｍ13に終わる。

池田久美子はがっかりして森千夏の部屋に行った。女子砲丸投の予選で森も敗退していた。会場の雰囲気に呑まれ自己記録には遠く及ばない結果にがっかりした様子だった。課題はそれぞれ異なるが、大きく分けると同じような状況ではあった。

「何か全然だったね」

「そうだね、次がんばろうよ。次あるよ」

森はそう言うと何かを取り出す。小さなチューブとストローがセットになった、得体の知れぬものだった。よく見るとずいぶんカラフルに彩られた代物ではある。名称をポリバルーンという。

「これやんない？」

「何これ」

「面白いんだ。最近ハマってて。知らない？」

「知らないよ」

「暇つぶしになるから」

これをわざわざ海外まで持ってきたのか。記憶の糸を辿ると駄菓子屋で見覚えのあるそれを、森は日本から大量に持ち込んでいたのであった。パッケージを開ける。チューブを搾り、やや毒々しい透明ピンクの粘着物をストローの先端ににょろりと付ける。森がプーッとやるとシャボン玉状に膨らんでいく。沈んでいた空気が一気に勢いづく。膨らんだものを指でそっとストローから外すと、ポリバルーンの出来上がり。シャボン玉と異なるのは、触っても割れにくい点だ。

紙風船のように空中へ飛ばす。部屋で遊んでいるうちに夢中になり、ベランダから外へバーンと放ってみた。中空を漂った後、やがてふわふわと落ちていく。行き交っていた海外の選手やコーチたちがポリバルーンを見つけ、喜んでキャッチするのが面白い。飽きることなく二人で次々に膨らませた。大量にあったチューブを全て使い切ったのは言うまでもない。

アテネ五輪の二〇〇四年春、池田は練習場のピットで踏切の変更に取り組んでいた。目印となるシューズを踏切板手前8m20に置くのは前年と変わっていない。助走の最後の三歩を変えようとしていた。広く・広く・狭くから、狭く・狭く・狭くというふうに、最後の三歩をタタタッと刻む。従来の方が跳び出しやすくはある。しかし陸連の測定により、それだと海外の選手と比べて踏み切り直前に大きく減速していることが判明したのだった。高く跳べば長く空中にいることができるが、前に行く力はない。前方だけを意識して跳びだすと、すぐに落下してしまう。助走に合わせた程よい角度を池田は模索していた。オリンピッククイヤーに技術を変更することは勇気がいる。この冬はそればかりをやっていたのではなく、スピード追求のための走り込みをいつもより徹底した。食事、睡眠、ストレッチなどの細やかな自己管理。オリンピックへの準備は入念だった。

アテネ五輪の最重要選考会は日本選手権。試合の二日くらい前に浜松に集合して準備する。どんな大会でも、試合前にピリピリすることはない。ビッグタイトルであってもそれは変わらない。森千夏はそれ以上にマイペースだった。マイペース過ぎて池田は少し苛立った。試合前、何かに困っているらしい後輩と電話でずっと話しているのだ。池田の声は、知らぬうちに怒気を含んでいた。

「森ちゃんは今さ、自分の試合、オリンピック懸かってるよね。それは終わってからやろうよ。大丈夫？試合のことは」

「あっ、そうだ」

「森ちゃんは自分のためにちゃんと調整してね。じゃないと行けないよ」

繊細な面もあったが、ひょうきんさも際立っていた（© 月刊陸上競技）

「そっかぁ。ありがとう」

あっけらかんと礼を言うのだった。

池田は100mハードルでも標準記録に迫っていた。アテネ五輪B標準は13秒11。決勝では五輪二大会連続代表で日本記録保持者の金沢イボンヌを破り三年ぶり二度目の優勝。タイムは13秒20、追い風1・3mと自己新だったが、一枚目の五輪切符は届かなかった。

翌日の走幅跳。標準記録はA6m70、B6m55。ハードルの疲れが少し残っていた。

ライバルとの宿命対決は、二回目に6m67を跳んだ花岡がリード。大阪国際でB標準を跳んだ池田と代表の条件はこれで並んだことになる。B標準同士であれば、この日本選手権に勝った方が選ばれる可能性が高い。池田は四回目に6m63。花岡に4センチ差と迫る。

「オリンピック」という言葉の響き。幼い頃から描いた実態の淡い夢が、今はかたちをもっている。決勝に進んだエドモントンの世界陸上から三年。アテネ五輪出場へは程よい準備期間があった。三年分強くなれると期待された。行けるとか行けないじゃなく絶対行く。ただそれだけだった。

最終六回目に6mを大きく越えるも6m64。3センチ差で花岡麻帆の優勝が決まった。

一年前の最終六回目も6m64と同じ記録を出した。このときは花岡よりも1センチだけ勝者の側にいた。今度は敗者の側に3センチ。ただそれだけのことに過ぎない。

走幅跳は砂の痕跡を測定する競技である。水気を含んでいるとはいえ、もろく儚い砂子の数センチなど、崩れ具合によって多少の運もあるのだろうか。しかしそれが勝負の世界である。負けた後の池田は淡々としている。嬉しい時は涙腺の緩い方だが、人がたくさん見ている前で悔し涙は見せない。

ところで、優勝した花岡もA標準は切っていないため、七月の南部記念まで代表選考は待たれるのではないのかと池田は思っていた。日本選手権翌日、代表が発表される陸連のホームページを開いた。そこに花岡麻帆の名前があり、自分はないのを確認する。ついでに〈砲丸投　森千夏〉を見つける。森ちゃんは出られるんだ。そんなふうに微かに思った。川本和久コーチにすぐ電話し、「私はもう出られないんですか」と聞いた。オリンピックが終わったんだと実感したのは、ひとしきり泣いたあとだった。やりきれなさを引きずり、それでも親友にはメールを送った。

〈森ちゃんおめでとう！〉

ありがとうと返信が来る。

〈久美ちゃんの分も頑張る、って言ったら久美ちゃん嫌がるよね〉

〈その通り〉と電子文字を打ち、再び送信ボタンを押した。

6

二〇〇五年も花岡麻帆との日本選手権が待っていた。二〇〇〇年から〇四年まで一、二位を二人で独占し、その差が4センチ以内の試合が三度。不思議なほど似たような記録を出してきた。過去五年間の戦績は池田の一勝四敗。両者は学年で四つ離れている。だが、日本選手権初出場が「九四年」と同じなのは、以降の名勝負のために仕組まれたようでもある。九四年、花岡は成田高校の三年、池田はまだ中学二年だった。池田はこのとき、なぜか「中学生と高校生は一緒だ」と考えていた。四月に高校生の花岡が6m01を跳んだのは知っていたが、中学生の自分も同じくらいの数値を記録するのである。池田の結果は貧血により精彩を欠いたが、花岡は6m29で見事優勝。かっこいいな。社会人や大学生相手に高校生が勝つことを素直にそう思った。

初出場の翌年以降五年間、これまた不思議なことに両者とも日本選手権で優勝戦線に一度も絡んでいない。九五年から九九年までの間、花岡が九八年に欠場した以外は、二人ともその他全ての日本選手権で走幅跳にエントリーしている。最高位は花岡が九七年に6m04で四位、池田は中学三年の九五年に6m07で同じく四位。5m台の年も多く見られる。九九年は花岡九位、池田十七位だが、それが翌二〇〇〇年になると、示し合わせたように二人で優勝争いを始めるのである。

決定的だったのが〇一年の日本選手権における日本記録の応酬。それはまさに新時代の幕開けを予感させた。二人のライバル関係を過熱させたもう一つの理由は、そこに国際大会の代表争いがあったことも大きい。〇一年の世界選手権と〇二年のアジア大会には揃って出場できたが、〇三年以降はA標準がネックとなり一人ずつしか代表になっていない。先述のように〇三年は池田が1センチ差でパリ世界選手権へ、〇四年は花岡が3センチ差でアテネ五輪に出場した。

そして迎えた〇五年。花岡は五月の大阪国際で追い風2・3mながら6m82と、自身の日本記録と同じ記録をマークしていた。世界選手権の懸かる今回も花岡麻帆との厳しい試合が予想された。

父が倒れたと池田に連絡が入ったのは二月。心筋梗塞らしかった。付き添うべきか練習した方がいいのか岐路に立たされる。自問自答したとき、「久美子は練習してろ」とお父さんだったらそう答えるだろうと思った。今年は世界選手権だな。俺も飛行機に乗ることができたら行きたいな。それが父から聞いた最後の言葉となる。倒れてから一週間ほどの出来事だった。

切り替えられはしないが、切り替えようとした。悲しさより「受け入れがたい」という方に近い。死はこんなに突然来るのだと思った。待ってくれないし、後回しにもできない。受け入れられなくても、そこにポンッとあれば受け入れるしかない。だからこそ自分がどう生きたいのかを考える。そう考えることが幸せにもつながると感じた。

日本選手権。二回目が終わって花岡が6m40と、6m24の池田をややリードする。

三回目を跳んだ池田はすぐさま砂場から立ち上がり、痕跡を見届けて小さくガッツポーズ。両手を合わせて祈り、測定を待つ。今季世界選手権B標準ジャストの6m60。

花岡の三回目は6m57と逆転はならないが、踏切板から10センチの余裕を残していた。ここまでの記録でベスト8が決まり、四回目から試技が入れ替わる。記録の良い池田の方が後になる。

四回目に花岡が6m61。

花岡は、自分が1センチ逆転したことがわかった。ベスト8に入った時、ピット脇の記録表示板で池田の6m60という数字を見たからである。さらに引き離したい花岡だったが、五回目は向かい風に泣かされて6m43に終わる。

池田がこの試合で五回目のピットに立つ。透視図のように延びた助走路先に視界を絞る。

風は舞い、安定しない。

砂は助走路と同じ高さに満ちている。その砂場の前方に膝立ちして池田久美子を待ち構える幾人かのカメラマン。あのカメラマンたちを跳び越えてやる――小さく一つ跳ね、リズムよく加速する。さらに、加速する――助走路のタータンを感じていた足底のスパイクがタッと小気味よく踏切板を捉える。降り注ぐフラッシュの中でグンッと距離が伸びる。

6m69、追い風1・1m。この日一番を記録し再びトップに立つ。

花岡六回目の最終跳躍。6mの中盤を越え、微妙なところに着地。

向かい風0・1m。審判員の読み上げる「6m69」が最終跳躍に向かうピットの池田に届く。

自分と同じだ――それより跳びたいな。

花岡のセカンドがいくつなのかよくわからなかった。ただ、先に6m69を跳んだ自分が勝ちなのではないかと一瞬考え、すぐさまラストの試技に切り替える。セカンドは花岡が6m61、池田が6m60。実際は1センチだけ池田を上回る花岡がこの局面でアドバンテージをとっていた。

ルール上、もし仮に池田の六回目が6m61と計測されるようなことになれば、セカンド記録も並び、サード記録で決まる。6m62以上であればもちろん池田、6m60以下は花岡が勝者となる。

迎えた池田の最終六回目。審判員が測定結果を告げる――6m61。

池田は自分の勝ちだと思ったが、審判が「セカンド記録も同じだ」と用紙を確認している。ルールを思い出した池田は、自分たちが演じたものがいかに僅差の勝負であったかを理解する。サード記録は池田6m60、花岡6m57。ヘルシンキ世界選手権の切符は3センチ、指二本分の差が明暗を分けた。

ところでこの大会、森は病気で欠場していた。

あれは不思議な体験だった。アパートの壁に二人で書いたサインを飾ってある。夕方、それがバタッと落ちてきた。なんだろう、怖いな。そう思っていた矢先に電話が鳴った。

「落ち着いて聞いてね」

「――――」

「実は千夏が」

森の母は病状を池田に伝えた。にわかには信じられず心が整理できなかった。体調が悪いことは知っていた。以前から思い当たることもいくつかある。寮の部屋にいるとき、お腹痛い、食べすぎかなと、トイレにこもる時間がとても長いときがあった。前年秋の国体でも、力が入らない、歩くのも息切れして大変だし少し痩《や》せてきたと話していた。

三度目の世界選手権は6m51で十四位。決勝進出までは2センチだった。足りないものは何か。予選が終わった頃、思いがけずドワイス・フィリップス（アメリカ）からメッセージが届いた。以前海外を転戦したとき、フィリップスのAR（競技者代理人）と知り合いになっていた。その人物が陸連の通訳を介して届けてくれた。

「あなたは元々足が速いから、踏切前にもそれを同じようにやったら跳べるよ」というものだった。男子走幅跳で四度世界選手権を制し、アテネ五輪でも金を獲得した第一人者であるフィリップス直々のアドバイスは至福だった。これはフィリップスに限らず外国人選手に共通することだが、スタートからの加速で得たスピードがなぜか最後も落ちない。踏み切りでいかにスピードを落とさないかを知りたいと思った。それから彼の出場する試合を実際に見たのだが、踏み切り前に失速したにも関わらず、８ｍを優に越えるジャンプで金メダルをさらったのである。踏み切り前の失速を帳消しにするほど、彼の助走スピードは群を抜いていた。

ひとしきり思索し、ふとひらめいた。

失速しない踏み切りの追求であれこれと思い悩むより、もっと単純に助走スピード全体を上げる方が、遥かに近道なのではないか。父はその昔、誰にでもわかる言葉で口癖のように言っていた。

「速く走れる人が遠くまで跳べる」

やることは二つ――人よりも速く走り、踏切板で無意識の「止まり」をつくらないこと。助走と踏み切りの明確な目標が一本の線でつながった。踏み切りについて、池田はこんなふうに語る。

「走幅跳は、踏切板が目の前にあると『止まり』というのが無意識に働いてしまう。頭から砂場に落ちても良いから、加速していくイメージをどんどんつくって。それがキッカケになりましたね」

それからの池田はとことん走ることを追求した。上下動をなくすため腹直筋の下部を強化。そこを意識の中心にすると速く走れるようになった。それから九か月後の大阪国際で答えを出すことになる。

7

「変わっていくのがわかる、ビックリするような一年だった」

ある取材でそう語っているように、二〇〇六年は大きく飛躍する一年となる。このシーズンは二つの目標があった。日本記録とアジア大会制覇。でも、どちらも難しいだろうと思っていた。

二十五歳になった池田の二〇〇六年は織田記念の100mハードルから始まった。日本歴代二位となる13秒04、追い風1・9m。ハードルは今季から完全に練習の比重を下げた。正規のハードル間で走るのも織田記念が今季初だったという。

走幅跳とハードルはどっちがメインなのかと私は訊ねてみた。池田久美子は、走幅跳とハードルのはっきりした境界を持っていないと答えた。

走って跳ぶ。どちらも子供の頃にやっていた遊びの延長である。だが、二つの事を同時にこなすのは少し難しい。競技日程が重なることだってあるし、選手をやっていると専門種目は一点でしか見られなくなってくるという。ただ、専門種目がもう一つあるのは意外と息抜きにはなる。

五月三日静岡国際。織田記念の筋肉痛がかすかに残り、「絶対跳びたい」というテンションがやや抑えられていた。序盤の二回までにトップを走る池田が、三回目に6m66まで記録を伸ばす。その直後に跳んだ花岡は6m68と2センチ逆転。

スピードアップして一歩のストライドが伸びたことで、今季から助走距離を42mに伸ばした。歩数の二十歩は変わらないのに距離だけを50センチから1m延長していた。

五回目の試技。助走から砂場がグングン近づき、白い踏切板が瞬く間に後方へとすっ飛んでいく。

6m75、追い風1・8m。

それは五年ぶりの6m70センチ台。この日は風の強い試技が目立っていたが、追い風が公認記録の範囲内に収まったのは幸運だった。

実質日本記録だった6m78はもう五年も前のこと。あのとき、花岡が直前に大記録を跳んだ。そして若さと勢い。数多の条件が偶然に重なっただけなのだろうか、どこか自分が跳んだ記録ではないような気さえしていた。自分のスタイルはまだ確立されていなかっただけに、まったく応用の利かない跳躍だったことがわかった。

静岡国際から三日後の大阪国際。ピットに立ったときにはすでに予感があった。

二回目の試技、空中にいた時間が長かった気がした。着地の痕跡は大会記録を示す砂場脇のマークを超えている。

6m86、追い風1・6m。

抑えきれない嬉しさに視界がぼやけた。花岡麻帆の記録を五年ぶりに更新する日本記録。この時点で世界ランク一位。携帯メールはすでに受信されていた。

〈凄い凄い、くみちゃん凄い、なんか凄い、やっぱ凄い、やっぱ凄いね！〉

会話をそのまま文字にしたような〈凄い〉の連打。病院の森千夏は、テレビ放送のリアルタイムで知ったようだった。

〈森ちゃんと一緒だよ。やっと森ちゃんと同じになれたよ〉

〈私も元気になって、また砲丸やりたいって思った〉

〈また、近々お見舞いに行くね〉

「森ちゃんの分まで頑張る」とは言わない。それは、お互いに通じる感覚だった。誰かのためではない。そのことを無心に追いかけているのは自分であり、他人の人生に被せるものではない。埋め合わせのできない自分の寂しさに、他人のことを勝手に取り込んではいけない。その瞬間、相手の人生がどこか薄らいでいく。

病室の重い扉を開けると親友がいた。久々の面会だが、視点をどう変えても病気の進行は明らかだった。

「薬の副作用で急に眠るかもしれないけど、気にしないでね」と森千夏は言った。欧州遠征で各国の人形を買ってきた。森の好きなトトロは残念ながらヨーロッパに売っていなかった。

やっと会えたね――――そう言うと以前の距離にすぐ戻れた。

いろんな人が来るけど話が長くて疲れる。みんなよそよそしくて疲れる。あと、人が来ると自分がシャキッとしていなくてはならないから疲れる。「みんな来なくていいのに」と言って笑った。森が指さす腹部の管を恐る恐る覗く。

「わーすごい。痛くないの?」

「うん。触る?」

「え、いいの？」

「大丈夫だよ」

病気をネタにしてまた笑い合う。二人の時間。病人と過ごしているというより、まだ元気だったときの会話と不思議なほど何も変わりはしなかった。

「もし自分が森ちゃんの立場になったら、どう考えるのかなって。もう私の存在意義がないから死のうかなとか思うのかもしれない。宣告されたらパニックというか受け入れられないと思うんですよね」

メールでずっと繋がっていた。「携帯すると怒られる」という森からも、病院食は何が美味しかったといった他愛もないメールがよく送られてきた。

〈今日、ヨーロッパに一人で行ってくるよ〉

〈すごいね。でも大丈夫かな〉

陸上の話題の方が喜ぶ、そんな気がした。

そのうちメールを送信しても返ってくることが減り、七月あたりから途絶えた。返信できなくても、きっと見てくれてはいる。本人が動けなくても、お母さんが見せてくれる。そう思って送り続けた。

全力に近いスピードでの助走から、吸い寄せられるようにピタッと踏切板を捉え、鳥みたいに舞っていく。踏切板の上を速く通過できたときは気持ちいいと池田は言う。「決まった」とその瞬間にわかる。逆に「決まらなかった」ことも。池田は自分の跳躍を、あるインタビュアーに「まるで芸術作品ですね」と言われたことがある。体力は要るが、走幅跳が肉体を使った空間芸術の職人だとするならば、池田はきっと名人に近い域に達しようとしていたのだろうか。その跳躍技術は、日本人には類《たぐ》いない助走スピードから生み出されている。

そのスピードがいかに速いかをさらに証明した試合がある。九月十日の南部記念。本職の走幅跳ではなく100mハードル。池田はここで、会場はおろか、陸上ファンがあっと驚く歴史的ともいえる快走を見せるのである。ちなみに、これまでの日本記録は金沢イボンヌが二〇〇〇年に出した13秒00だった。

100mハードル予選は、これまで体感したことのない速さだったという。そこに十台のハードルがなく、単に100m走を全力で走っているようでもあった。会場の異様な空気を感じたのはゴール直後。速報を告げる電光掲示板が12秒87で止まっていた。数秒後に発表された追い風は2・1m。わずかに0・1mオーバーで正式タイムは12秒90。日本人初の12秒台は非公認となったが、走幅跳で日本人最長を跳ぶ池田は、ハードルでも日本人最速だった。

この年の一大イベントは十二月。アジア版オリンピックとも呼ばれる四年に一度のアジア競技大会である。過去三度の世界選手権は「自分より強い人がいる」と試合前から思ってしまったが、このアジア大会は何も怖いものがなく、日本で試合をしているような感じすらしたという。二〇〇三年世界選手権三位のボビー・ジョージ（インド）もいたが、全く気にならなかった。

四年前の釜山大会では自身七位だったが、森千夏はこのとき女子砲丸投で日本記録を出した。森はすでに四度目の日本記録だったし、それが無性に羨ましくもあった。だが、それでもメダルには届かなかった。アジア大会にはそんな思い出がある。

代表はいつも森がいてくれるという、一人の喜びと桜色の安心感に満たされていた。それが一気にがらんどうになった。あまりにからっぽで、そこには恐いほどの空虚が漂っていた。

ドーハは一週間前に入った。調子が良い悪いとは別の感覚。アップをしているときの加速していくスピードが、これまで一度も感じたことのない速さだったという。自分でも「速い」と思ったが、見ていた周りの選手たちから「すごい足が速いね」と同じことを何度も言われた。

試合は二回目に6ｍ68。二位を20センチ以上もリードした。

助走の走りが完成された今シーズン、ファウルの数も極端に少なかった。珍しくファウルを告げる赤旗が上がったのは四回目の試技だった。走りが良すぎて右足のつま先がほんの1センチ出た。

実測した審判員から聞いた数字に驚く――「6ｍ96」と彼は確かにそう言った。

この試合中、池田はある領域にいたのかもしれない。神に選ばれたアスリートしか見ることのできない場所。それは日本の女子選手が誰も見たことのない「7ｍ」の世界だったのではあるまいか。

「走幅跳っていうよりも、何だろう……走ってる感じだったんですよ、ずーっと。踏切から先も走路が続いていていて、跳ぶっていうよりも走ってる感じだった。自分……まあ自分がいて、走ると景色って変わるじゃないですか。そのスピード感っていうのが、何だろう、火の玉がビューッて速く走ってるようなイメージが自分にあって。あー速い。凄い速いって感じて。だから『跳躍選手』ってなるよりも『短距離選手』ってなったほうが、私は良かったんじゃないかって思います」

森ちゃん見ててね。試合前のアップで頭をよぎった。試合中は試技に集中する。脳裏に浮かぶ親友のこ

アジア大会優勝の池田久美子（中央）。海外選手の中では、ひときわ小柄だった

とを考え過ぎると、ガチガチに硬くなってしまうので、ひとまず考えないようにした。

五回目に6m81。これは前年のヘルシンキ世界陸上でも銀メダルに相当する記録である。二位のボビー・ジョージを29センチも引き離していた。

日の丸を両手に広げウイニングラン。金メダリストをアジアの歓声が包む。二〇〇六年の今シーズンは六試合で6m70台以上を記録し、安定感では世界トップクラスだった。6m80台を記録した三回はいずれも国際試合と、大きな試合ほど力を発揮した。もはやその強さはアジアを抜け出していた。

やったよ――どこかで森と対話している気がした。アジアの次は世界だと誰もが思った。

8

好記録を出せば、さらに上の記録を期待され続ける。それは本人の意志や都合とは関係なく背負わされる十字架でもある。翌年の世界陸上は大阪開催であったため、世界でも通用する記録をコンスタントに出し続ける池田久美子にマスコミは殺到した。メダルが実現すれば、女子では中長距離・マラソン以外で初という歴史的快挙となる。

自分はここにいるはずなのに、自分ではないもう一人の自分がマスメディアの中にいて、勝手に持ち上げられる。7mを跳べる池田。世界選手権でメダルを取れる池田。背伸びした自分をもう一人作らなくてはならない。実像と虚像の狭間で追い込まれていく。取材攻勢の中で一日を終えると、練習とは違う疲れがドッとあふれ出る。取材には慣れている気でいた。だが今度のプレッシャーは異質だった。自分が映るので次第にテレビが嫌になった。

試合での注目も大変なものだった。最初の試合から「7m行くか、どうだ！」と熱い視線を一身に集める。やがて、跳ぶのが怖いとさえ思うようになった。

春先まで前年の競技力は維持していた。織田記念の100mハードルは13秒02、追い風1・4mと自己記録を更新。走幅跳初戦の大阪国際では一回目6m73、六回目6m71と二度のA標準を揃える。その後はカタールとスペインの試合で一位と二位。ともに6m70という好記録。だが……。

心が晴れることのない日本選手権だった。結果は6m59で優勝したにも関わらず、助走最後の四歩がさばききれないと、珍しく悔し涙を見せた。

走力によって踏切の変更を余儀なくされる。走力と踏み切りのバランス調整を抱える微妙な時期に差し掛かり、踏み切りが上手くできなくなっていたのだ。しかし、そんなことなどお構いなしに、世間の期待は容赦なくのしかかってくる。

「過去最高にしんどかったですね」

どこを見ても、何をするにも「7m一色」。出歩くたびに頑張ってねと声が掛かる。もう、そっとしておいてほしい。「世界陸上」と聞いただけで背筋がゾクリとした。

二〇〇七年はいつもより暑い夏だった。残暑の残る大阪世界陸上。ヨーロッパ遠征で顔なじみになった選手もたくさんいて緊張はなかった。

跳ばなければ。

池田は気負い、記録ばかりを狙った。どうせやってくるプレッシャーは自分でかけることにした。しかし7mは遠くに感じた。結果は6m42の予選落ち。それはもう、楽しめる場所などではなかった。

7mを初めて意識したのは小学生の頃。選手時代に7mジャンパーだった父が「お前も俺くらい跳べば世界で優勝できる」とよく話していた。世界大会でハイケ・ドレクスラーが7m跳んだのをテレビで見て、「ほら、メダルを取れるだろ」と言った。その7mまであと14センチ。自分の小指の先から手首くらいまで。だが、そうやって手をかざすのと、砂場とでは見え方が全然違う。ずっと追い求めたスピードを手に入れた。助走や踏み切る瞬間など、すでに最速と思えるほどのスピードの中にある。それでもまだ届いていない。5mを跳んだ小学生の頃の14センチなど、有って無いようなものだった。跳躍距離がだんだん遠くなる10センチは、なぜか1mにも感じる。

池田の練習はざっくり言うと「走ること」がメインだった。どんな練習をしていたのかと聞かれると「もう、とことん走ってました」と答えた。練習で砂の上を跳ぶことはない。跳ぶのは試合だけ。助走からいかに止まらないで走るかという練習が多かった。試合でやっと測れる。だからこそ、どれだけ跳べるのかを楽しみにして臨むことができるのである。

シニアになって100mを正式に計測したことなどないが、ピーク時には11秒5に近いタイムで走っていたのではないかという。「日本選手権で100mに出てみたら？　優勝できるよ」と冷やかされることもあった。

期待されながらも予選敗退に終わった2007年大阪世界陸上の跳躍。前年に池田は女子走幅跳の日本記録を樹立

「小学六年は12秒9で走って、中学一年でまた速くて12秒3だったんです。すごい速いんですよ」

まるで他人事のように話している自分に気付き、ふと話を止めた一瞬の微妙な空気に思わず笑みがこぼれる。受け答えの中で事実を伝えようとしているだけで、そこに自慢のようなものはない。しばらく向き合っていても、運動選手のイメージは持てないままだった。無理に探したわけでもないが、素肌をさらしている前腕に、その証を見つけた気がした。容姿全体から受ける印象とは不釣り合いにぷっくりと浮き上がる幾筋もの血管。私はそこに名高いアスリートの片鱗を感じた。

短距離の１００ｍは陸上競技の中で注目度抜群の花形である。それは勿論わかっているが、「走って跳ぶこと」のほうが断然いいと、曇りのない気持ちでそう思える。走幅跳の楽しさを教えてくれた父。子どもの真っ白な心を染めた幸福な原体験が、今もそのまま池田の根幹に眠っている。

だから、チャンスや注目度のあるなしではなかった。１００ｍは全然、いくら足が速くても、それをカッコいいとイメージすることができない。１００ｍ出場に気持ちが傾かない理由はただそれだけだった。

自分の存在そのもの、自分の核を成すと言ってもいい走幅跳。だからこそ競技人生は段階を追って進みたい。世間やマスコミは７ｍへの期待を持ち上げる、その事はもう言わないでほしい。

６ｍ86の選手だから次は６ｍ90。それが妥当な目標に思えた。

9

世界陸上出場四度を数える池田は、いつの間にかベテランと呼ばれるキャリアを積んでいた。年下の選手がたくさん代表入りするようになると、相談されることも出てくる。どんな場面でも先輩として、しっかりしていなくてはならない。だけど、自分の側が言える場所はどこにも見当たらない。息抜きできるのはどこなんだろう——ぽっかりと、それが無くなっていることを思い知る。隣で磁石みたいにくっ付いていたものがポロッと外れて、急にバランスを失ったことを認めざるを得ない。

「代表になっても、森ちゃんのところにいつも遊びに行ってたので。自分も年が上になってくると下の子がいっぱい入ってくるんですね。こういうときどうしたらいいんですかって、後輩だからいろいろ聞いてくる。頼られる存在になって、なんかこう、疲れたっていうのが大きくなってきましたね。だけど自分の弱音とか、何でも言える場所は無くなったなって。今までは森ちゃんに、嫌なことも嬉しいことも言えたんですけど、こう一人になるとね。私一人にバーッと集中したりもするんです」

池田はさらに、心の奥底にある声を拾う。

「最初は森ちゃんがいないと、寂しい寂しいって凄い思ってたんですよ。あー、いない、いない、いない。でも、森ちゃん依存症みたいになっていると自分の気力も下がって、変な風に引っ張られちゃうのかなって。だからしっかりしてなきゃって思って」

大阪世界陸上の翌年はオリンピックイヤーだった。二〇〇八年北京五輪。

この年の五輪最終選考会は南部記念である。一週間前の日本選手権では6m42で三位と惨敗だった。

春先から結果が出ないことで、これまでと違った新しい助走に変えてみた。思い切った挑戦だったが、踏み切りが全然合わなかった。シーズンのベストは6m51と、B標準すら超えていない。他の選手も突破した者がいないため、この南部記念でクリアすれば可能性がある。実際、陸連からはB標準の6m60を超えれば行けると伝えられていた。二年前には何度も跳べた60。何度も跳べるどころか逆にがっかりすることすらあった60。何かのバランスが少し崩れるだけで瞬く間にそこまで届かなくなった。一つ違いのダイヤルキーが決して開かないように。

7m近いあの領域——満ちていた潮が引いていくように、じわじわと遠ざかろうとしていた。

「新しい助走にチャレンジ」などと言っていられない。なりふり構わず、もう自分の跳びやすい助走を選んだ。オリンピックは、四年前の失敗が浮かぶ。行きたい気持ちと怖さと、半分半分の感情が渦巻いていた。次の四年後はどうなるかわからない。何より今、その機会は目の前に訪れている。

アップも試合も、人と目を合わせない。

自分の世界。

経験値の勝負では誰にも負けない。そして背負うものの大きさも。これまで、後のないラストチャンスをモノにできるのが池田だった。こういう時に一番大切なのは、ありきたりだが、自分を信じ切る気持ちだということを、経験の中で学んでいた。

必死だった。

一回目の試技。跳べる――呼吸を整える。自分のリズム、自分のピッチ。

6m70――標準記録に到達したのはシーズンを通して、その一本だけだった。

二年前には審判の記録用紙に何度も書きこまれた70。その数字に今は涙を止めることができない。意地のワンチャンスで手繰り寄せたオリンピックだった。

五輪をかけた一勝負について私はまず、調子は良かったんですかと聞いた。すると、意外な答えが返ってきた。それは、池田の強さや秘めた闘争心を物語っていた。

「調子よりも何よりも、死んでもいいやって思いましたね。死んでもというか、脚がどうなっても、肉離れしても何でもいいから跳ぶって。何か覚悟を決めて跳んだんです。とにかく60超えるために跳ぶじゃないですか。不思議だったのは、跳んで、『70』って聞いた瞬間我に返って。私、今何してるんだろう。ここどこ？って思いました。本当に」

前回だったら一緒に行けたのに。落ち着きを取り戻すと親友のことを思い出した。

四年前のアテネ五輪代表発表後、選手用のスーツケースがスズキの寮に送られてきた。

「見ていい？」

尋ねてスーツケースの中身を見せてもらう。そこには開会式用のブレザー、日本代表のジャージなど一式が詰まっていて、デジカメまであった。代表選手ってやっぱり違うな。それらを見た自分は羨ましさで一杯になった。あと3センチだったのに。微かな悔しさも滲んだ。

「やっぱ一緒に行きたいな」

いくつかのウエアをめくると、そこにひっそりとユニフォームが眠っていた。世界選手権とはちょっと違う、鮮やかな日本代表の色――その「日の丸」に目が止まった。

「いいなぁ。これ着るんだ」

自分のじゃない。これは森ちゃんのだから触らないでおこう。まだビニールに入っていたそのユニフォームだけは見るだけにしようと、なぜかそう思った。

「大丈夫だよぉ、四年後があるから」

「長いよぉ」

あの時より量が少ないな。四年前と同じように送られてきた自分のスーツケースを開けてそう思った。それから、しばらく一人でゴソゴソと見ていた。一つひとつのモノを、親友の時と比べながら。

10

次の人生に向けて、自分がどうあるべきかを考え始めたのはいつからだろう。人間、若いときのようにいつまでも注目を集めていることはできない。次の世代にバトンを上手く渡さなくてはならない時がくる。自分が渡せるものって何かあるのだろうか。試行錯誤を繰り返した競技人生の後半だった。自分が負けているのも理解できた。

「森ちゃんは試合で、いつも20mを見ていたと思います」と池田はそう話す。なぜそう思うのかというと、

20mを投げたいと言うのと同時に「20mのラインが近づいた」とよく話していたからだ。届かないとは言わない。届きそうだからこそ、そこを目指して投げていた。

「怖い……なんだろう。怖いんですよ、なんか」

質問を重ねていくうちに、「怖い」という言葉を池田は何度か繰り返した。森千夏ならば20mを本当に投げたのではないか。そこには恐いくらいに投げそうな勢い、この人はいったいどこまでやるんだろうという底知れぬエネルギーがあったという。

「凄すぎて怖いのかな、その勢いが。本当にやりそう、なんだろう、とにかく怖さを感じました」

到底自分の比ではないとでも感じたのであろうか。この世界で存分に活躍した池田をもってしてもそう感じさせるものとは一体何か。極度に肥大化したボディーライン、硬く質量のある腹筋、丸太のような太腿。そんな生物としての強さが、であろうか。

「野生の動物が獲物を必死で追うような感じで、自分が追われているような、飲み込まれそうな、食べられてしまいそうな感じの雰囲気で砲丸のことを話すんです」

砲丸の話をしているまっすぐなその視線に射抜かれてしまいそうになる。森は調子が良くても悪くても、インタビューを受けると「絶対投げます」と答えていた。絶好調ですと言うことも多かった。自信の持ち方は頑としてぶれることがなかった。

いま大会で、砲丸投の選手が気になることはない。だが、プログラムを手にする度に必ず「それ」を探してしまう。そしてエントリーリストの選手の持ち記録に目を通す。「記録ってこんなに差があるんだ」と、お決まりのように確認作業をしてしまう自分がいる。

頑張っている選手がいることはわかる。いつだって選手は、頑張っているからそこにいるのだ。それでも、何気なく感じることがある。

身体は大きいけど、どよーんとした雰囲気で、威勢がない。生き生きしていない。「私の方が強そう」と思うほどパワフルさを感じないこともある。響き渡る声に会場中が「え？」と振り向いていた、あの頃の森千夏と重なる。

「今となったらですけど、森ちゃんがまだいて、一緒にできたら、今いる自分の位置が変わっていたかもしれないと思いますね。もしかしたら、もうちょっと長く競技してたかなとか」

後悔はない。７ｍに届かなかったのも自分の人生である。だが、「いたら違っただろうな」と思うことはある。一人で突っ走って挫けるときでも、仲間がいたら誰だって前向きになれる。理解してくれて、「応援」とはちょっと違う寄り添い方をしてくれて、どんなときも味方してくれて、大いに喜びあえる。そんな仲間がいたら多少の辛さなどなんともない。何よりも大きいのは、癒されること。

誰よりも「世界」というものを見ていた親友は、18ｍ50投げたら決勝入賞ラインに行けると話していた。練習では18ｍ60を投げたから、それを出せたら入賞ラインは見えてくるし、入賞したら次メダル狙えるし。確かにそう言った。

７ｍの挑戦も、結果は同じだったかもしれない。だが、もっと長く、もっと先までひょっとして――そう考える。だってバカをやって笑えた。それだけ楽しかったから。

二〇一三年日本選手権。記録ばかり狙っていると自分らしさがなくなると思った。走幅跳を「四季」に例えるならば、春夏秋冬を一周して戻ってきた感じだろうか。

「小学校で初めて幅跳びをやって跳べたときみたいな楽しさですかね。何か競技をやっている以上、結果を求めるって大人になったら来るので、久々にそれを取っ払ってできました。運動会で幅跳びしているような感じですかね、気分は」

これが最初だったんだぁ。子供に帰っていく「今度、幅跳びやってみようか」の「幅跳び」だった。

二十年ぶりの楽しさ。トップ選手は記録が伸びないとバッサリ辞めて全然違う世界に入る人も多い。だけど自分は好きで辞めて、これからも好きでまたやっていく。ラストジャンプはファウルだったが、最後は思い切ってスッキリ跳べた。寂しさなどなかった。

池田は現在、夫の井村俊雄と共に陸上教室を運営し、子供に運動の楽しさを教えている。大会でいろんなクラブを見かける。厳しい指導者のところは、子供たちが静かにしているが、どうしても子供が委縮して楽しくなさそうに見えてしまうという。

白くさわやかな風合いの素材をさらりと着こなし、艶感のある黒髪をまとめている。どんなに知名度を得ても決して失うことのない人の良さとでもいうのか、好奇心があって何にでもよく驚き、相手に対して一所懸命。「イケクミ」と呼ばれた彼女の人気は、きっとそんなところにもあるのだろう。

今後は陸上教室を続けながら国際陸連で公認コーチを務める。選手たちのメンタルケアをできる立場の人が足りていないのではないかと、自分の経験と現状を踏まえた上で感じている。五輪に出場する陸上女子選手からもよく電話相談を受けるという。

競技は終わるが、終わらない。それは池田の中で途切れることなく今もずっと続いている。

第5章　女子砲丸投のオリンピアン

1

二〇〇四年に森千夏がアテネ大会に出場したが、日本の女子砲丸投は実に四十年ぶりのオリンピックだった。これまでに森を含めて三名が聖地を踏んでいる。

一九六四年東京大会の小保内聖子と、さらに遡る一九六〇年ローマ大会に出場した松田靖子である。

小保内は一九四〇年二月、岩手県二戸郡（現在の二戸市）福岡町に五人姉弟で一番上の長女として生まれた。父は町役場に勤める役人、母は戦後になって自宅で米屋を始めた。

モノのない時代、子供は身近なモノで楽しむ天才だった。一本の縄さえあれば、高さを競うことに夢中になれた。最初は足首の高さを跳ぶ。やがて膝、腰と、縄の両端を持つ子供が高さを上げていく。石蹴りもよくやった。蹴った石のところまで何歩で到達できるか。男の子に対抗して張り合う小保内は、どちらかというと負けず嫌いの利かん坊だった。自宅裏の坂を下ると馬淵川の河原が広がっていた。対岸に柳の木が揺れ、入道雲の張り出す炎暑の夏には清流のせせらぎを泳いだ。

「あのね、砲丸ってものをそれまで見たことがなかったのね」

小保内はそんなふうに語り始めた。少し言葉を交わしただけで、経歴に見合う人間性が感じられたが、少女のようによく笑う穏やかな人物でもあった。

中学では学業中心。茶の湯や生け花を家庭で教わった。旧制中学を前身とする岩手県立福岡高校へと進学。旧制中学時代は男子校であった同校は、バンカラを色濃く残し、文字通り文武両道を地で行く古色蒼然とした学校だった。

町役場に勤める父の同僚でもある宮岡市太郎が自宅を来訪したとき、小保内の立派な体躯に目をとめた。宮岡と連れ立って高校へと向かったのは入学前の春休みで、陸上部監督の中村精七郎は高校近くの馬検所で長距離の部員と合宿していた。小保内にとって中村との出会いは十分なインパクトがあった。中村は、用意していた砲丸を小保内に手渡すとこう言った。

「これを持って帰りなさい。毎朝決して忘れるんじゃない。どこへ行くのも必ず持って歩くこと」

同時に、リボン結びのできる白い巾着袋をさしだす。

「これに砲丸を入れるといい。お前のハンドバッグだ」

四キロもある黒鉄の砲丸を携えて通学する高校生活がこうして始まった。試合はもちろん、陸上とは関係のない場所へ行くのも、中村の言いつけ通り砲丸を持ち歩いた。そのことに疑問を抱いたことはない。砲丸投の選手はみんなこうやっているのだろう、そういうものだと思っていたという。今ではちょっと考えられないし、エピソードとしては大時代的だが、親や教師の言いつけは必ず守る、そういう生徒が少なからずいた時代である。

「重かったけど、よく頑張りましたよね。よく続けました、今思うと」

砲丸を収納する巾着袋はゴワゴワとしたギャバジン素材で耐久性はあったが、毎日持ち歩いているうちに生地の繊維がほつれてボロボロになった。しかし握力だけは自然と身についたという。

中村精七郎は、旧制福岡中学（現福岡高校）を昭和十七年に卒業した。在学中は陸上部に所属していたが素行に問題があり、教師から疎んじられる鼻つまみ者だった。経緯は定かではないが、終戦翌年の一九四六年に新任教師として母校に着任、同時に陸上部顧問にもなっている。

小保内の三年時にクラス担任だった小川達雄に中村精七郎の話を聞いた。中村は容貌もかなりハンサムで、豹のようにキリッとした男だったという。

「中村精七郎は駅伝に付きっきりでした。あまり喋らずポツッとしか言わない。だが信ずることをやる男。だから皆ついていく。侍ですね。体育の先生というのは校長先生からしたら使いにくいんです。中村は授業中でも用務員室にひっくり返って寝ていることがあった。でも、ほったらかしではなく、統制が行き届いているからできるんです」

昭和三十年ごろ、中村は全国高校駅伝に出発する前、小川にこんなことを言ったという。

「小川先生、今年は『フッコウ』って五十回言わせてみせやんすからな」

福岡高校の校名をラジオ放送で五十回言わせるほど活躍するというのであった。

入部してまもなく、小保内は中村と共に岩手大学を訪れ佐藤範美の指導を受けている。佐藤は一九四八年に愛知で行われた第一回全国高校総体（インターハイ）に砲丸投で出場し、初代のチャンピオンに輝いた。一九五〇年には日本選手権の円盤投で優勝、翌年にはアジア大会でも活躍した。

人の縁は妙なつながりを持つこともあるが、数十年に渡る時を経て、岩手と東京を結ぶ奇しき縁をこの取材中に見ることができた。森千夏が入学する東京高校で陸上部監督を務める大村邦英は岩手県立宮古高校陸上部の出身だが、在学中に同部の監督を務めたのが佐藤範美だった。佐藤に投擲の技術指導を受けた小保内は日大に進学した後、実業団のリッカーミシンを経て日大に職を得ると同時に陸上部コーチを務めたが、一九八一年に入部したのが森千夏の競技生活を支えた小林隆雄である。

福岡高校の練習サークルは「他者に危険を及ぼすおそれあり」という理由で校庭の片隅があてがわれた。強豪で知られる野球部が幅を利かせ、大所帯のバレー部やテニス部なども同じ校庭で汗を流していた。片や、小保内の投擲練習はいつも一人ぼっち。最初のうち周りの生徒たちは、投擲練習をする自分を「よくやってんな」という感じで、可もなく不可もなく遠巻きに眺めていたという。降雨で土が簡単にめくれ上がるサークルだった。

初めて投げた砲丸は6m台。少しコツを掴むと、四日後には9m27に記録を伸ばす。小保内は意地を張り、他の部が終わるまで絶対に練習をやめなかった。

長距離部員はいつもフラフラでロードから帰ってくるが、校庭が空いている日にはそこで走ることもある。周回で今にもぶっ倒れそうな彼らの姿は小保内の発奮材料になった。

同級生に南舘正行という選手がいた。南舘は高校一年からエースとなり、全国高校駅伝に三年間出場している。後に中央大学へと進み、在学中の四年間に主力選手として出場した箱根駅伝は全て優勝。中大全盛期を支えた名ランナーである。

中村精七郎はハイレベルにある長距離部員の過酷な練習を終わらせ、小保内の投擲練習に立ち会ってくれた。疲労の色を見せない律儀な男だった。

「中村先生が大会のときに見てくれているかいないかで、やる気が違った」

小保内は回想録の中にそう書いている。

2

「もう一人オリンピックに出られた方がいらっしゃいますよ。松田靖子さんという、ローマ大会に出られた方。同郷の岩手出身なんです」

最初の電話で、小保内がそう教えてくれた。松田靖子という選手を名前だけは知っていた。

小保内が松田と対面したのは、一年の高校総体岩手県予選。機械的かつ鮮やかに描かれた六レーンの白線に、跳躍、投擲のピットと観客席。初めて足を踏み入れたときの競技場に息を呑んだ。そこで競技する自分を想像するだけで身震いを覚えたが、決定的に印象を彩ったのは松田靖子だった。

「高田高校に松田靖子って強いのがいるんだぞ。しっかり見とけ」

中村に聞いていた以上に活力の満ちた屈強そうな選手だった。見た瞬間にその人だとわかった。人はときに、相手が自分より上かどうかを感じとる能力がある。身長では松田を上回る自分が小さく思え、泰然としたその風格に気圧された。県大会と東北大会で三年生の松田は優勝を飾る。小保内は一年生ながらともに二位。山形インターハイは松田が10m93で優勝。小保内は10m35で五位だった。

翌年、大会のサークルがコンクリートになるというのを学校関係者が聞きつけ、福岡高校も早速コンクリートにしてくれた。

二年のインターハイは、四国の高知まで蒸気機関車に揺られる過酷な遠征となった。トンネルでは黒煙がモクモクと車内に入りこむため、真夏であっても窓を閉めなければならない。監督の中村精七郎は同行しなかったが、理由はよくわからない。代わりに隣席には威厳のある校長が座っていた。

小保内は暑さと遠征の疲れで一睡もできず体調もあまり思わしくなかったが、試合では1センチ差という際どい勝利をものにする。大きなトロフィーを福岡町に持ち帰ると想像以上に福岡町の人々は喜び、豚汁を作って祝勝会を開いてくれた。

その頃、松田は進学で故郷を離れていたが、同年十月の第四十回日本選手権で久しぶりに顔をあわせた。高二の小保内が11m17の五位で、六位の松田を抑えている。なお、この大会12m70という記録で優勝したのは小泉とし子、二位は12m66の吉田素子だった。吉田はこの年の四月に神宮で行われた東京選手権で女子砲丸投としては戦後第一号となる日本記録を出していた。それまでは一九三九年に小島フミが記録した12m99で、吉田はこれを11センチ更新する13m10。さらに六月十日の五輪候補挑戦会で13m10のタイ記録、七月の全日本選抜陸上では13m27に伸ばした。小泉も翌年七月の全国勤労者大会で13m27と吉田に並ぶ。日本記録の変遷について作成した一覧表を小保内聖子は懐かしそうに見ていた。

「ああ、吉田素子さん、もっちゃんね。小泉さんも。この人たちもみんな岩手の人なんですよ」

戦後から、第三章で紹介した林香代子が日本記録を打ち立てる一九七二年までの二十七年間に四名の選手が日本記録保持者の称号を手にしているが、その全員が岩手県出身だというのである。しかも二戸市の小保内以外は全員、陸前高田市の出自である。陸前高田市米崎生まれの吉田素子は、松田靖子にとって高校の先輩にあたる。さらに小泉に至っては同市気仙町上長部という、松田と同じ小さな谷合の集落に育った。先輩格の二人が旗頭となり、その背中を見て二人の後輩が実力をつけていく。後述するが、やがて日本記録を更新し、オリンピック選手まで上りつめる松田と小保内は絶好の環境に身を置いていたことになる。

正面には西洋風の二階建て木造校舎。背後には鬱蒼《うっそう》とした北国の針葉樹が灰色の枝を空へと伸ばす。高台で見晴らしが良く、眼下に福岡の街並みが広がる。校庭が雪に隠れる冬には、除雪された雪道をよく走った。そんなとき中村は、小保内が走り終えるまで風雪の中をじっと待っていてくれた。

「サボらないから先生は職員室に戻ってください」

あるとき小保内はいたたまれずそう伝えたが、それでも中村は黙って居続けるのだった。

四月になると「雪踏み」をやる。融雪を早めるため、部員総出で長靴を履いて雪を踏み慣らしていくのだ。校門横の大きな桜の木が開花し、それは確固とした春の訪れを物語っていた。

三年の高校総体も予選会を通過した。インターハイは13mが目標だったのでその旨を中村に伝えた。

「全国大会では絶対に13m出しますから」

「13m。必ず出るよ」

中村はいつもの涼しい調子でそう言った。ところが直前になって、げんなりする話を耳にする。中村がまたもやインターハイに引率しないというのだ。

「私は13mの力はありますが、12m99にしときます」

消沈した小保内のささやかな抗議だった。

1956年高知インターハイに1センチ差で勝利し、優勝トロフィーを抱える小保内（右）。左は上川（高瀬高）

大会二連覇を狙った富山インターハイでは高校記録のみならず日本記録も期待されていた。だが、連覇どころか、出場の危機にさらされることになる。自分を含む岩手県の選手数人が、予選の第一コールに遅れてしまったのだ。何があったのかはすでに失念してしまったが、失格の恐怖だけは今でも残っている。モタモタしていて、気が付いたときには第一コール終了の時間を過ぎていた。

「出られないぞ」

そう言われて血の気が引いた。涙をふりしぼって何度も嘆願し、出場を許してもらえたときは岩手の選手たちと手を取り合って涙を流した。招集時間厳守について身を持って学んだのだった。二連覇を果たした決勝ラウンドは宣言通りの12ｍ99だった。

自身初の日本記録はこの年の秋である。一九五七年十月の岩手県選手権で、吉田、小泉の持つ記録を22センチ更新する13ｍ49。これは前年度のメルボルン五輪参加標準記録13ｍ35をも上回っていた。

小保内は学業にも手を抜かない生徒だった。クラス担任だった小川達雄は「クラスでは断トツの一位。高校三年の二学期に英語で九八点だった」と当時の様子を明かす。

「リレーの練習を一度拝見したことがあるんです。チームは教員、女子チーム、駅伝チーム。駅伝チームがどうせ強いと思っていたら教員チームの圧勝だった。小保内さんは女子チームの第三走者だったが、掛け声が一番大きくしっかりしていた。人格的にも優れていて、あのくらい気持ちの良い子はいない。子供は気持ちの良いものだが、特別だった」

クラス編成がおこなわれた四月。朝のホームルーム。春から担任となった小川が教壇に立っていると、小保内が遅れてきた。静まりかえる中、クラス全員の面前で小川は注意した。

「遅刻してはいけませんよ」

上着にズボンを履く制服姿の小保内は、鞄と巾着袋を持ったまま、棒を飲んだように立ち止まった。一切の言い訳をしなかったが、本当は公明正大な理由があったはずなのだと小川はいう。高度経済成長で石油エネルギーが家庭に浸透するまで、子供は家の手伝いが当たり前だった。長女であれば尚更である。小保内が店先のたらいに井戸水を溜め、衣服を洗濯板で洗うのを見た人もいる。ときに米屋の手伝いで米俵を担いだ。

小川達雄の忠告以降、小保内は一度も遅刻をしなかった。記憶は修正されるものだが、約六十年を経た今でも「美しい記憶」として小川の心に残っている。

3

日本大学へと進んだ小保内は五月のアジア大会最終予選で13m73とさらに記録を更新。12m台の中盤で低迷している中央大学三年の松田に大きく水をあける結果となった。日本インカレでも二位の松田を抑えて優勝している。

今昔を問わず、砲丸投選手の練習スタイルはみな一様ではなく、選手によって練習内容も異なる。走り込みやジャンプ、ウエイトトレーニングなどに練習時間の多くを費やし、スローイングはほとんどやらないという選手もいる。

「わたくし、センスがなかったのでとにかく練習量で勝たなきゃって感じだったのね」

小保内には投げることで強くなったという自負がある。投げの時間が少ない練習もあっていいとは思うが、「私は信じない」とそう話す。人それぞれだ。だが、そうしないと勝てないという一途さが小保内聖子の信念だった。ノーグライドで五十本、グライドで一二〇本。人が十本やるところを二十本やる。投げて投げて投げまくったと表現するその練習量は相当なものだった。

「感覚しだいで記録は正直に出た」と小保内は言う。今の突出しは良かったと思うと記録も伸びている。目印となる木の葉や草を目標点に置く。この感覚でもう少し工夫してやろう、そう考えて投げるとまた伸びる。これはどうだろうと思ってやるとダメだったりする。日大のグラウンドから人影がなくなっても、ただ一人自分の世界に身を置き黙々と投げ込んだ。

負けず嫌いではあるが、そこに悲壮感があるかというとそれは少し違う。砲丸投の練習はまったく飽きなかった。大儀だと思いながら練習に出ると、いつのまにかのめり込んでいる。幼少期の石けりや、縄で高さを競って遊んだあの感覚に似ているのかもしれない。シンプルだが、そのシンプルを探究していくうちに時を忘れてしまう。小保内はそういう性格の持ち主だった。

「あれだけ夢中になれる。不思議ね。人から見たら何っててね。まあよく飽きないなと。面白くてやめられなくてね。これを越えたら今日止めよう、なんて考えてたら一日はあっという間に経ちます。そのあとのご飯が美味しい」

スポーツにはあらゆる「結果」「判定」が付いてまわるが、その点、これほどわかりやすい競技もないのかもしれない。飛んだか飛ばないか、目の前ですぐ判断できる。砲丸投に限ったことではないが、「わかりやすさ」というのは多くの人が好み、おしなべてスッキリと心地のよい感情ではある。

投擲場で投げると、当然のことだが一本ごとに砲丸がゴロゴロと転がる。木製の砲丸止めはあるものの、あらゆる方向に散らばるそれを回収するのは億劫でもある。目に止まったのは跳躍の砂場だった。試しに投げてみると「ボコン」という音とともに砲丸が砂中に隠れた。

目を離すとどこに入ったのか見当もつかず厄介だったが、何度か繰り返しているうちにわかるようになった。手で掘り起こすので握力の鍛練にもなる。

「みんなが練習終わって引き上げた後、砂場に投げるんですよ。そうするとゴロゴロ転がらないから拾う距離が節約できる。あれはわたくしのグッドアイデアだと思いました」

跳躍の砂場は砲丸練習場よりも狭い範囲に投げなければならない。このことが逆に別の感覚を磨くのに役立ったのだという。投げ始めの頃は角度が広くあちこちに飛んで定まらないが、疲れてくるとしだいに横幅が縮んで縦に伸びる。力が抜けて本当の投げができるようになる。横に散らばらなくなった頃、最後の六本は試合のつもりで臨んだ。

元々、オブライエン投法は「疲れ」から発案された投法でもある。

この独創的な投法を編み出したのはアメリカのパリー・オブライエン。彼は、海外遠征中のハードトレーニングで疲れを感じ、力を抜いてやや後ろ向きで構えたのがオブライエン投法の始まりである。それ以前は腕に重きを置いた横向きの投法が主流だったが、オブライエンは少しずつ向きを変え、投げる方向に背中を向けた状態からグライドに移ることの合理性にたどり着いた。

オブライエンがこの投法で初めて18ｍの壁を破り、一九五九年までに十五回の世界記録を達成したことで、この投法は世界に広まった。

小保内は年齢的にも早い段階で二度の日本記録を出し、これからのホープとして期待された。しかし翌年、関東インカレで他の選手があっさりと日本記録を塗り替えてしまうのである。

あの松田靖子だった。

中央大学の最上級生となった松田はこの年、ほぼ全ての大会で13ｍ台という安定した投擲で小保内を凌駕する。一時は限界説がささやかれていた松田の復活劇だった。

翌一九六〇年は日米安保の年でもあり、全国で五八〇万人がデモを行い、国会が包囲されるなど過激さを増した。だが、日本の人々は今よりのんびりしたスローテンポな人が多かったという。

小保内、松田の両者は千載一遇のチャンスに若い血をたぎらせていた。四年後ではなく、できることなら今、オリンピックを懸けた凄まじい日本記録の応酬が始まるのであった。

四月の中大・日大・リッカー対抗。ナンバーカードを呼ばれてピットへ踏み出す。鉄球四キログラムの感触。小さめのピカピカした真鍮製より、鉄製でゴソゴソッとした大きめの砲丸が小保内は好きだった。会場にある砲丸はあまり選んだことがない。見た瞬間にパッと決める。

足止め材で静止し、自分の目標地点を確かめる。一連の儀式にはゆったりと時間をかける。去年までは体を開いて投げる癖で右に外れることが多かったが、それを改める練習は積んだ。上体をしっかり残し、溜めて、押し上げるのを意識する。あの辺り――投擲方向が真ん中に決まる。後ろをふり向き、サークルの最後部に移動して顎の下に砲丸をあてる。一直線のグライドで突き出された砲丸が14mラインに落ちる。記録は14mジャスト。

五月の関東インカレで14m04、六月四日の全日本インカレでは14m11と三大会で日本記録を連発。だが、六月十二日に今度は松田靖子が14m19と記録を更新する。

そうした活況の中、八月二十五日から開かれるローマオリンピックの派遣選手決定の時が刻一刻と迫っていた。女子砲丸投のローマ五輪参加標準記録は14m60。四月に松田の記録を小保内が14mジャストで更新して以降、二人で4センチ、7センチ、8センチとじりじり伸ばしてはきた。

標準記録まではあと、松田41センチ、小保内49センチ。

わずかに思えるが、渾身の力で投げている二人の感覚からすると距離のある記録だった。小保内は高校時代から、将来の夢を聞かれるたびに「オリンピック選手」と判で押したように答えていたが、現実を知るにつれ、その厳しさや難しさを実感していた。

一九六〇年六月十五日、国立競技場でローマ五輪標準記録挑戦会が行われた。オリンピック参加の選考会はこの大会と七月の日本選手権。二月にJOCが陸上の派遣枠を十八人に決めたが、六月になってもまだ十人しか決まっていなかった。そこで救済処置の大会が強行開催され、このことが一部では批判の的になったと伝えられている。この大会も同様に救済のものだった。

しかし、標準記録はもう厳しいのではないかという雰囲気になっていた。五投目までに小保内が14m01をプットしたものの、それ以上はもう、何も起こりそうになかった。

松田靖子が最終六投目の試技でサークルに入る姿を、小保内は何気なく目で追った。

鍛え抜かれてパンパンに膨らんだ太腿。松田の体型はやや撫で肩だが、下半身を軸にがっしりとした筋肉がついている。一六七センチ、体重七三キロ。襟付きのユニフォームの左胸にはこの春就職した大昭和製紙のロゴが描かれている。少しカールのかかった短髪。松田は顔立ちの美しい人だと小保内は以前から思っていた。

静寂——動き出したとき、その空気が一変した。

「やっぱり何か違いましたよね。投げた瞬間。動き見てわかるじゃないですか、だいたいね。一体感っていうか何ていうかね。それ見たとき固まってしまった。何か言わなきゃって、『おめでとう』って言いましたけど。あとのことは覚えてない」

松田の放った砲丸は、五輪参加標準記録の14m60を表示してある旗を越え、そのまま15mラインまで転がっていった。

記録——14m75。

日本女子砲丸投初のオリンピック選手が誕生した瞬間だった。

心を粉砕させるほどのショックにみまわれた小保内は、もう陸上を辞めようと思ったという。標準記録は出ないにしても、途中までは勝つことに疑念のない展開だった。春から三度も日本記録を更新して松田以上の安定感を見せてきた。注目された分だけ、その光を遮る影は深くて濃い。日本選手権は優勝したものの、14m10と標準記録にはほど遠い結果に終わり、ローマ五輪は完全に潰えた。

「周りの者が心配して自殺でもするんじゃないかって。相当ショックで落ち込んでいたみたいですよ」

布団の中で泣いてもチャンスが戻ってくることはなかった。気丈に振る舞ってはいたが、憔悴が顔に表れていたのか、身を案じた研究室の先生や仲間が励ましてくれた。そしてみんなで富士山に登ろうと提案されたのだった。

富士の頂上で、声を限りに次も頑張れそうな言葉を叫んではみた。過去の振り切り方を探した。自信が欲しかった。何よりも練習。練習で心の養分を満たさなければ強く成長できないし、自信など持てやしない。記録よりも勝つこと、それだけを考えようと自分でそう決めた。一泊した山小屋では、同部屋の登山者たちが寝息を立てていた。

第十七回オリンピックはイタリアの首都ローマで開催された。ローマで砲丸投が行われた九月二日を小保内は再スタートの日にした。

4

翌一九六一年六月の日本インカレ。四年生となった小保内は、自分を清算するための砲丸をざっくりと左手に抱えサークルに入った。

今日、私はあそこに投げるんだ。試合前、あるおまじないをかけた。それは誰も気づかないフリーの時間。頭に目印を付けた釘をサークルから十五メートルくらいのところにこっそり埋めた。「一年」という時空の中に、どれだけ砲丸を投げたことだろう。

絶対あそこへ投げる――。

ローマ五輪選手団が羽田に帰国する頃、日大グラウンドで汗にまみれていた。午後二時から六時過ぎまで砲丸を手放さず、その日だけで三〇〇本は投げた。練習を終えると三キロ近く体重が減っていた。

足止め材から投擲方向に視線を向ける。緊張と冷静が混沌とする不思議な境地。一呼吸、そして三歩でサークル後方へ。一連の動作で構えに入る。重心移動。瞬時、パンッと一気の突出し。

高々と弧を描く砲丸は、吸い寄せられるように釘の真上へと落下していく。落下するとそれは、方向も距離もあのときと同じ場所に思えた。

測定――14m75。松田の日本記録に並ぶ、執念の結実だった。

翌一九六二年、リッカーミシンへと進んだ小保内は、四月の中大・日大・リッカー対抗で日本記録を15m24へと伸ばす。これが小保内聖子の生涯ベストである。同時に、日本記録がようやく落ち着きをみせる。一九五六年に吉田素子が出して以来、毎年めまぐるしく更新された日本記録だった。小保内のこの記録は、林香代子が一九七二年に15m30を投げるまで十年間保たれることになる。ちなみに小保内の日本記録更新は計七度を数えた。

松田はその後、国体と日本選手権の優勝を置き土産に約十年間の競技生活を終えた。小保内はケガに悩

プレオリンピックのサブトラックで憧れの選手と。右からタマラ・プレス、小保内、イリナ・プレス、短距離の小林

まされながらも競技を続けたが、松田靖子のいないピットはアスリートが生きる一つの意味を失っていた。

一九六四年。出場した東京オリンピックはもうピークを過ぎ、調子が良いとは言えなかった。試合はローマ大会の松田と同じく一投目が最高記録で、結果は13m70だった。

5

「その時の感触を文章にしてくれって言われたの。なんて書いたらいいのか迷って『手応えを感じました』と書きました。十年やってて気持ち良く投げたのってまずないですからね。あの時は気持ちよく投げたんですよ。だから私はフロックっていうかまぐれで行ったんです」

松田靖子とはJR池袋駅の中央改札口で待ち合わせた。会ったときから随分ゆったりとした話し方をする人物だった。今でも運動を欠かさないというスリムで引き締まった体型からは、オリンピックにまで出た投擲選手の面影はない。

ローマ五輪後、大昭和製紙や母校の中大でコーチをした。松田の五つ年下にあたる中大の後輩・窪田瑞子は学生時代、松田にコーチを受けた一人である。窪田もまた松田と同じ岩手県出身だった。

「うんと厳しくというよりは、優しく教えていただいた印象はありますね。私は左脚の着きかたと腰の回転をよく指導されたような気がします。投げることよりも身体の動きのほうが中心でした」

窪田にとって松田は、「ハイ」と返事をするのが精一杯という、雲の上の存在に等しかった。「松田先輩がお見えになっている」と耳にするだけで背筋がピンと伸びた。

松田は自分で実際にやって見せてくれる。グライドの機敏な動きに、やっぱりこの人はオリンピックに行く人だと窪田は思った。体幹が強くて動きがぶれない。脚が、あるべきところにピッと動いた。

オリンピックを決めた一投を「気持ちよく投げた」と松田はいう。学生時代に一度似たような感覚を味わったことがある。それは四年の関東インカレだった。冬季練習であれだけ練習したのだから記録が出なかったらおかしい。ポジティブな心境で大会に臨み、一本目に13m92という日本記録が飛び出したのである。ローマ五輪最終予選挑戦会も同じように開き直りだった。ただしその方向は関東インカレとは逆の開き直り方だった。

「多少、無理だなっていうのはありましたね。だって、ほど遠かったじゃないですか日本記録と。14m60っていうのは出せるのかな本当にみたいになって。だから半分投げやりみたいなところはあったのね」

ローマ五輪標準記録挑戦会の六投目。最後の一投という緊張感や硬さはなぜか消えていた。サークルへと踏み出したとき全ての迷いが霧消した。静から動へ、弾力性のある肉体が躍動していく。グライドのスピードを左脚で止め、そのパワーをスローイングにつなげて最後の瞬発力。突出しと同時にリバースでパッと足を入れ替えるのが松田のスタイルだ。その時に最大の力が出せるという。標準記録などもうどこにもなかった。弾けるように入れ替えた右脚ですっと立っていた。

音もなく砲丸が舞った。

気持ちよさにまかせて思わず落下地点を見た。遥か向こうだった五輪参加標準記録14m60の先に落ちるのがわかった。自己ベストを56センチ更新するという、まさに神がかり的な一投だった。

「椛沢（小保内）さんが一番最初に飛んできてくれたんですよ。『おめでとう！』って。あの方はそういう人なんです」

それぞれ東京で暮らす松田と小保内は今でも親交が深い。

試合後、スタンドで見ていた大昭和製紙の人から「あんなきれいな投擲は見たことがなかった」と言われた。理由を紐解いたとき、脚、腰、腕と全部の力が一つにまとまってくれたのが良かったのではないかと思うことがある。

「これは松原サマサマなの。夢はせた松原」

松田がそう話す「松原」とは岩手県陸前高田市にある三陸海岸の景勝地・高田松原である。石川啄木がそこを訪れたときの歌が『一握の砂』に収められているといわれる。

いのちなき砂のかなしさよ
さらさらと
握れば指のあひだより落つ

一九三七年四月二十四日、岩手県最南端に位置する気仙郡（現在は陸前高田市）気仙町上長部で農業を営む両親の間に六人姉弟の三番目として生まれた。温暖な気候と風光の明媚な自然の中で育った。

海風のささやく沿岸部に、松田の通った気仙中学校がある。中学ではバレーに情熱を注いだ。アタッカーとして気仙郡の大会で優勝。花巻市より南の各郡から二校ずつ集まる県南大会にも出場した。

陸上競技との出会いはふとしたことだった。バレーの休憩中、砲丸を投げている陸上部員がいた。中高バレー部の多くは、今のような体育館ではなく、グラウンドに立てた鉄柱にネットを張り屋外で練習していたのだ。

「私にも投げさせてみて」

見よう見まねで投げると、陸上部員や顧問の先生が目を丸くして驚いていた。その砲丸は陸上部員がいつも投げている地点のかなり先に落下したのだった。程なく県南中学校陸上大会に出場することになる。投げ方など何も知らないのだが、思いもよらない大会新記録（10ｍ85）が誕生し、翌朝の「岩手日報」に大きく報じられた。予想もしない周囲からの称賛。子供心にも「これはやらなくてはいけない」といつしか思うようになった。町内で陸上の知識がある好事家の人たちが砲丸投を教えに来た。だが、考えすぎてしまって逆にうまく投げられなかった。素のままに投げていたほうがよっぽど飛ぶなと中学生ながらに感じた。

高田高校に進学した松田はバレー部から勧誘を受ける。だが、選んだのは陸上だった。上長部から高校へ通じる国道四五号線の山道を自転車通学しなくてはならず、団体競技は大変ではないかという親の意見を参考にしてそう決めた。

当時の高田高校に陸上部はない。活動には責任顧問を必ずつけなくてはならないという問題が浮上したが、陸上とはあまり縁のない体育の教員が名前だけを貸してくれる形でクリアした。

こうして、たった一人の練習が始まった。卒業までの三年間、高校の校庭は最後まで自分のフィールドと呼ぶにふさわしいものではなかった。校庭の隅で申し訳程度にやることもあったが、数がモノをいう高校時代にあって、たった一人の陸上部は居心地の良いものではない。砲丸投という競技の性質上、他の部への危険も問題視される。いつしか、高田松原へと足が向くようになった。

砂浜走は足首を鍛える最適の練習法だった。七万本の松葉をゆらす木立の中を走ると、足裏に伝わる落ち葉の弾力が心地よかった。疲れると木陰に腰を下ろし、身体を休める。激しい呼吸音はかすかな松籟《しょうらい》の中で静まり、肌を冷やす風が吹きそよいでいく。

松田はある確信をもとに、練習の中心を基礎体力強化に置いた。中学の時になぜ、投げ方も知らないのにあれほど飛んだのか。そこにいた誰もが不思議がっていたが、その答えは基礎体力にあると考えた。バレーで鍛えた腕力と脚力。体力さえあれば砲丸のような重量物は必ず遠くへ放り投げることができる。徹底して投げにこだわり、本数をこなすことで力を付けた小保内聖子とは、共通点があるにせよ、やや対照的な発想をしていた。

筋力不足の解消にはバーベルやダンベルなどのウエイトトレーニングが良いという情報はあったが、そのような器具などあるはずもない。誰に教わるでもなく、校庭の隅にあった竹のぼりで鍛えることを思いついた。高田松原では手頃な松の木にしがみつき、必死になって懸垂を繰り返した。投げの練習は全体の半分くらいにとどめ、ほかは全て体力強化にあてた。

体力獲得を重視する松田。だが、それだけでは高校の大会で上位進出は難しいのではないか。砲丸という重量物を遠くへ運ぶ身体の使い方や専門的な技能。思いつくままに我流で投げているのはやはり不利であり、限界もある。果たして松田はそれらをどう解決していたのか。

「ずっと見ていましたからね、高校の先輩を。女性で、日本記録出した人がいるんです。もう亡くなられましたけど」

吉田素子のことだとすぐにわかった。この章は吉田がいなければ少し違っていたかもしれない、まさにキーパーソンである。松田がまだ中二のとき、高校の試合を見学に行くと、地元・高田高校で力強いスパイクを打ち込んでいる大柄な選手がいた。キャプテン兼アタッカーとして目立っていたその人が吉田だった。バレーボール一色だった吉田の高校時代も当然のことながら砲丸投とは無縁だった。

一九五二年に高校を卒業した吉田素子は高田文化服装学院へと進む。その頃に陸連の人から誘われて本格的に陸上を始めた。同年八月の県民大会で投げたところ、11m22といきなり県記録を出し、「すい星のような出現」と言われた。仙台で行われた国体の成年女子砲丸投に優勝。前述のように中学三年の松田靖子が初めて県南中学校陸上大会に出場し、大会新を記録した年でもある。吉田と松田はまさに同じタイミングで陸上界にデビューしたのだった。

アサヒスポーツの一九五四年十二月号には砲丸を投げる吉田素子のモノクロ写真が表紙を飾っている。

この頃はまだサイドステップだった。吉田素子が後に用いるオブライエン投法は、前年の一九五三年に男子砲丸投のパリー・オブライエンがその投法で初めて18m超えの世界記録を樹立したが、世界的にはまだ普及していなかった。

吉田は一九五六年春、八幡製鉄大阪事務所に移籍した。日本記録が誕生したのは四月二十九日、東京選手権の五投目で、記録は13m10だった。拍手と祝福の言葉が寄せられる中、吉田はそれに応えるふうでもなく、うつむいて顔を伏せていたという。二位は10m73の松田。戦後初となる日本記録を同郷の先輩が達成するのを、中大一年になっていた松田は目の当たりにしたのだった。六月に京都・西京極で行われた五輪候補挑戦競技会で吉田は再び13m10をマーク。前回の記録がフロックではないことを証明し、メルボルンオリンピックの第一次候補選手となった。この頃から世界水準を対象としたオリンピック参加標準記録が定められ、女子砲丸投は13m35に設定されていた。

翌月の全日本選抜でも好調の波は続き、自己ベストの13m27。しかし参加標準には惜しくも8センチ及ばず、史上初となる女子砲丸投のオリンピック派遣は見送られることになる。世界記録はソ連のガリナ・ジビナが持つ16m67まで伸びていた。

吉田素子の活躍を手本にした岩手の後輩である小泉とし子、松田靖子、小保内聖子がすぐ後ろに迫ってきていた。国体に強い吉田がこの年の兵庫国体も制したが、一つ年下の小泉が二位と健闘。小泉は釜石製鉄に籍をおいて本格的に技を磨き、さらに日本選手権では12m70ながら吉田を抑えて優勝している。この大会で高校二年の小保内が五位、松田も六位入賞を果たす。吉田はまだ二十二歳の若者であったが、さらに年下で若さ溢れる勢いの前には新旧交代の到来を感じさせたという。

翌一九五七年の資料を時系列に追っていくと吉田の記録がなかなか探せなかった。七月に小泉が全国勤労者大会で吉田の持つ13ｍ27という日本記録タイに追いついていた。

秋の日本選手権。鳴りを潜めていたかのように吉田は貫禄を見せ優勝を手にしている。

ところが、十月の岩手県選手権で弱冠十八歳、高校三年生の小保内が13ｍ49の日本新記録をマーク。

翌十一月の全日本選抜で四人は再び顔を揃えている。優勝は13ｍ35で高校生の小保内、二位は13ｍ22で吉田、三位に小泉、四位に松田という成績であった。

吉田素子の大会出場の足跡は翌一九五八年の第三回アジア大会を最後に途絶えている。実家の果樹園と養鶏場を継ぐために引退したのだと松田靖子は思っていた。戦後長らく更新されなかった女子砲丸投日本記録を手にしてわずか二年。時を待たず近づいてくる後輩たちの足音を、抜き去っていく背中をどんなふうに見ていたのだろうかとつい考えてしまう。

陸上界では時の人となっていた吉田素子を急追し、一時は日本記録も並んだ小泉とし子。前述したように小泉は松田と同じ気仙町上長部の出身。実家は松田宅から小川をはさんだ向かい側にあり、三歳上の松田の姉・由喜子と同級生だった。

吉田、小泉、小保内と、全国の女子砲丸投のトップに君臨する岩手県の選手たちの中で、最も実力があってオリンピックの標準記録を突破するのはきっと小泉とし子だろうと松田は思っていた。だが、小泉には極度の上がり症という、競技者として致命的ともいえる欠点があった。練習投擲では調子良く投げていても、いざ試合となると萎縮して力が発揮できない。「自分の性格はこうだからもう陸上はやめる」と肩を落としている小泉の姿が松田の記憶にある。

ここで、当時の日本選手権における女子砲丸投の上位成績を紹介したい。

日本選手権・女子砲丸投（岩手県選手のみ抜粋）

一九五四年	優勝	吉田素子	11m85
一九五五年	優勝	吉田素子	12m73
一九五六年	優勝	小泉とし子	12m70
	二位	吉田素子	12m66
	五位	小保内聖子	11m17
	六位	松田靖子	10m57
一九五七年	優勝	吉田素子	13m15
	二位	小保内聖子	12m53
	三位	小泉とし子	12m34
一九五八年	優勝	小泉とし子	12m85
	二位	松田靖子	12m14
	三位	小保内聖子	12m04

一九五九年	優勝	松田靖子	13m31
	二位	小保内聖子	13m11
	三位	小泉とし子	12m84
一九六〇年	優勝	小保内聖子	14m10
	二位	松田靖子	14m09
	三位	小泉とし子	12m72
一九六一年	優勝	小保内聖子	13m99
	三位	松田靖子	13m35
一九六二年	優勝	松田靖子	13m30
一九六三年	三位	小保内聖子	13m60（プレオリンピックのため上位は外国人選手で占めた）
一九六四年	優勝	小保内聖子	14m55

岩手県の限られた地域にこれだけの選手が、しかも集中した時期になぜ誕生したのかと疑問が湧く。一九四五年の終戦から一九七二年に林香代子が登場するまでの二十七年間に誕生した日本記録は計十三回。その日本記録を出した四人すべてが同県出身者というのは少し奇異にうつる。

なぜこれほどの選手たちが出現したのか。その答えを松田は「ライバル意識」と考えている。

「そう思いますよ。だって遠くの、例えば東京の人が日本記録出したからって負けずにやろうなんて思わないけど、近くにいたあの人がやるんなら私もやれるんじゃないのかって。そういうライバル意識が出るわけね」

記録は現在の水準から比較すると高くはない。だが、投擲技術や筋力トレーニングなどの情報は比較にならないほど未開拓な時代の話である。

7

松田靖子が最初につかんだ栄冠は高校三年の山形インターハイ優勝だったことはすでに述べた。高校スポーツの頂点に立ったことで、卒業後はさらに上をめざして競技を続けたいと願った。中大への進学を希望するも、父の猛反対に遭う。それは先刻承知の上だった松田は、卒業したら岩手に戻って学校の先生になるから、何とか東京に行かせてくれと折衝して譲らない。両者の意見は平行線のまま大学受験が迫る。届いた受験票は、父に知らせずカバンに仕舞いこんだ。

入試で東京に向かうとき、陸前高田駅から列車に乗ろうとすると、用事で出かけていた父がその列車から降りてくるというニアミスが起こった。見つかると連れ戻されることを案じた母が機転を利かせ、「こっちから乗った方がいいよ」と手招きしてくれたおかげで難を逃れた。

受験後も反対の姿勢を崩さない父だが、合格通知が届くとやはり気持ちの揺らぎをみせた。もともと親戚に気兼ねしていたところもある。今と違い、女性が四年制大学へ進むのは珍しい時代。中でも片田舎には封建的な風習が色濃く残っていた。しかし、その親戚にあたる幾人かが、「伸ばすものを伸ばしてあげたら」と父に進言したのがどうやら決め手となったようだった。

大船渡線を一関で夜行列車に乗り換え、早朝の上野駅から山手線を乗り継ぎ、西武池袋線の中村橋で下車。合宿所はそこから歩いて十分のところにあった。

二年目には関東インカレなどいくつかのタイトルを手に入れた。しかし同年十月、故郷の岩手県選手権で高校生が13m49の日本記録を出したニュースを知った。努力家だった彼女の姿が浮かんだ。

翌年、大学三年になった松田は伸び悩んでいた。そんなとき、日大へと進んだ小保内は入学早々の五月、国立競技場で行われたアジア大会最終予選会で、13m73と日本記録を伸ばす。荒削りだったフォームもさまになり、技術的に著しく成長していた。小保内の好記録を尻目に、自分は自分の練習を続けた。だが、フォームをいじった結果、ケガに見舞われてしまう。「大器」と騒がれたのは入学当初だけで、松田はもうこのまま埋もれてしまうのではないかと評された。

それは最終学年を迎える冬の季節だった。

陸前高田の街並み。波に遊んだ広田湾の海。体力と芯の強さは自然が育ててくれた。あの頃、生きること自体がトレーニングだった。高田松原で練習をしたのはあの街に生まれたからであって、これまでそうやって、自然が今の自分にいろいろなものを与えてくれた。

専門書を読んだこともあるが、最後は自分が感じるものを選んで糸口を探した。怖いものは何もなかった。失敗したってまだ若いのだからいくらだって次がある。

怖くはないが、今ここを抜け出すには人と同じことをやっていてはダメだ。立ち三段跳び、幅跳び、高跳び、短距離走、長距離走。基礎練習にはこれまで以上に質と量を求めた。合宿所のトレーニング室では裸電球を灯し、ベンチプレスやクリーンをこなした。一通りのウエイトトレーニングはするが、科学的な根拠は今ほど解明されておらず、それがどこの部位にどのように作用し、投げるための筋力をどう高めていくかというデータは無いに等しい時代であった。ベンチプレスはあまり強いほうではなく五十キロくらいだったが、背筋力は群を抜いていた。測定してみると二〇〇キロあり、投擲の男子には及ばないものの、男子短距離陣より上の数値だった。

考えると眠れなくなる夜は布団から起きだして練習をした。ただ遠くへ投げたいという衝動に突き動かされた美しくも孤独な月明かりの世界だった。

冬の鍛錬を終えると体格は確実にひと回り大きくなっていた。これだけやったんだから記録が出ないはずはない。何度も挑戦して破れなかった13mの壁をこじ開けると、五月末の関東インカレでは自身初の日本記録となる13m92。

大学を卒業するとき、岩手に帰る気持ちは薄らいでいた。東京でまだやりたいことがあるといって親を説得した。実業団の名門、静岡の大昭和製紙に入社。会社も両親に直接連絡をとり、申し分のない練習環境を整えてくれた。それに報いたオリンピック参加標準記録突破だった。

ローマオリンピック陸上代表十七人のうち女子は五人。雲一つない南欧の空の下、ローマオリンピックスタジアムにつめかけた観衆は十万人と記録されている。ギリシャ選手団から数えて三十番目、一四八人

1960年ローマ五輪に出場した松田靖子。女子砲丸投では日本人初のオリンピック選手となった

の日本選手団の中で、松田靖子も入場行進をした。

試合は一本目13m51、二本目12m56、三本目12m99。予選通過記録14m50には遠く及ばなかった。三投ともタイミングが合わず、リズムに乗れず、満足できない投擲に終わってしまった。

調整は若いなりに対応できたつもりだった。だがローマに入る時には疲れたのかなと松田は話す。

生涯ベストは14m75。奇跡の一投——ローマオリンピックを決めたあの試合の記録を超えることはついになかった。

「松田さんはですね、後輩が言うのもあれですけど、可愛らしいんですよ」

学生時代にコーチを受けた窪田瑞子は、「五十年の付き合い」という松田についてこう語る。返事をするのがやっとだった松田との距離も、年齢が進むにつれて縮まった。松田は岩手に帰省したとき、盛岡の窪田邸を今では旅館がわりにしている。

「オリンピックはもう、私の知らない世界でしたので」

窪田は、約半世紀の付き合いの中でオリンピックのことを松田の口から聞いたことはほとんどない。聞けば答えると思うが、自慢めいたことは絶対に話さないという。

私は松田の故郷である陸前高田市上長部を訪ねた。いびつに折れ曲がり、ひしゃげたガードレールが、津波の凄まじさを物語る。東日本大震災で、松田の親戚は十一件が家屋を流失。父で十四代目という実家は古く、明治二十九年と昭和八年の過去二回の津波の際も被害は及んでいない。海抜や「山の裏手」という地理的な条件で津波は絶対に来ないと伝えられていた。実際歩いてみると確かにそんなところであり、海辺からは遠く、ひっそりとした谷あいの集落である。

あの日、親戚には「まだ来るな」と言われていたが、松田は東京にいても落ち着かなかった。交通規制で故郷までの道のりは遠かった。弟の運転する車が峠を越えると荒涼とした被災地が広がり、長年暮らした故郷の姿はかけらもなかった。

人智をはるかに超えた津波で松田の実家は見る影もなく根こそぎ押し流された。津波の這い上がった痕跡は実家から200m先まで伸びたところで止まっていた。高校の同級生は十二人が津波にさらわれ、後日内陸の花巻で供養をした。

松田は被災直後の陸前高田駅前に立った。すると、膝がガクガクと震えだし、あまりの衝撃でその場にしゃがみ込んでしまったという。とても立っていられる状態ではなかった。

受験票をそっとカバンにしまい込み、紺のブレザーに箱ひだスカートで東京へと向かった、あの日の不安と希望。何があろうとも、十八歳の記憶はいつまでも心の故郷から消えることはない。

8

「おー。18m22すごい。すごいよね。わたくしには無理でした」

森千夏の資料を目にした小保内聖子は、信じられないというふうに首を揺すりながらそう言った。

「森千夏」という選手を初めて見たのは、森がまだ東京高校二年の日本選手権である。小保内は眼光炯々とした「眼力」について繰り返した。一点を集中したその瞳に宿る力。そして、やる気満々の闘志にあふれるその立ち居振る舞いは、選手の中で際立っていたという。小保内は森の動作を追いながら、小林君はどんな指導をしていたんだろうと目を細めた。前記したように、小林隆雄がまだ学生だった日大時代にコーチを務めたのが小保内だった。

大学生になった森は、貫禄という言葉を当てはめるに十分な体格へと変貌していた。大きい身体ながらスピードもあり、特にパワーポジションからの速さがあったと小保内聖子はいう。投擲の選手はグラウンドでも端の方にいて、身体の大きさの割に引っ込み思案のタイプが多い。そういう点で森千夏は、東京の子であるだけに、なかなか目立っていたような印象がある。

「18m22は破られない、不滅なんじゃないかな」

そこまで集中してやれる人はいないのではないか。日本選手権ではいまだに15m台で優勝している現状に憂いを込めてつぶやく。「いまだに」という表現には明確な根拠があり、小保内が15m24という日本女子砲丸投初の15m台を出したのが一九六二年。それは半世紀以上も前のことなのだ。

この記録は当時の世界リスト二十二位、世界記録に対する達成率八五・七一%である。ちなみにその二年前に、ローマ五輪を決めた五輪標準記録挑戦会で出した松田靖子の生涯ベスト、14m75は当時の世界リスト三十二位、達成率で八五・五一%とほぼ同程度の水準を残している。

森千夏の18m22は当時世界リスト二十七位、達成率は八〇・五一%。なお、現在の世界記録は一九八七年にマークされた22m63だが、この頃はドーピング検査が現在ほど厳しく行われていなかったため、ほかの投擲種目も含めて薬物疑惑の世界記録が多く残されている。ドーピング検査が強化されてから世界トップ選手の記録は下がり、二〇〇〇年以降の世界最高は21m46に止まっている。この記録に対する森の達成率は八四・九〇となり、小保内・松田の記録に迫っている。

戦前には小島フミがトップテン入りしているが、戦後に世界リストでトップ五十入りした選手は松田靖子、小保内聖子、森千夏の三人のみであり、達成率八〇%超えも同三人のみである。こう考えると、松田、小保内のオリンピック出場は単に「昔だから」と結論付けるに留まらず、確かな世界水準だったことがうかがえる。さらに吉田素子の七九・六〇%、小泉とし子の七九・一八%はそれに次ぐレベルにあったことを付け加えておきたい。

「18なんてとんでもないわよ」

小保内だけに、記録の価値をリアルに感じとることができるのだろう。17mでも日本人が出すこと自体すごい。ましてやその先の「18」に届いた投擲とはどんなものだったのか見てみたかったという。

自身が出場した東京オリンピックではタマラ・プレスが18m14で五輪連覇を果たしているが、森はそれを上回っていることになる。時代が違うとはいえ、プレスをはじめとする海外の選手たちと同じピットに立ち、その巨漢ぶりや想像を超えるパワーを肌で感じただけに感慨も深い。

「わたくしは15mでも必死で、練習もそんなに少なかったと思ってないのにね。そこから3mも吹っ飛ばしてるんだから言葉もない」

ここまでの記録を出すのは覚悟が並大抵ではないだろうとしながら、彼女の一つ二つ年下に後継者がいて欲しかったという。しかし、森が積み重ねた有形無形の軌跡に触れたとき、そんなに容易なことではないと思い知る。小保内はさらに、追いかけるには記録的にちょっとレベルが開きすぎたと考えている。そのレベルの開きは女子砲丸投が低迷する一因ではないのだろうかと。

社会人での急成長については「信じられないって言ったら失礼ですけど」とそう前置きして自分の競技経験に重ねた。精神的にもきっと強固な支えがあり、東京高校の小林先生や大村先生は高校を卒業してからもバックアップしていたのだろう。その力の大きさを小保内は知っている。その人が大丈夫だというとその気になってしまう。頑張れるってことは、励ましの力を上手く与えてもらえるからだという。小保内自身も恩師・中村精七郎がそうであったように。

日本復興のシンボルとして開催された一九六四年の東京大会が小保内聖子のオリンピックだった。

「地元開催なので一人は無条件に出場できました。だからわたくしは本当にラッキーだったんです」

謙遜してそう話すが、東京大会の参加標準記録15ｍ00を超える自己ベストを持っている。

「わたくし、名前が良いでしょう？」

小保内にそう尋ねられたとき、とっさには理解できず当惑した。

「聖子。聖火と対で。親に感謝ですね。それも支えで、どんな練習でも頑張れたんですね」

開会式で国立競技場に一歩入った時の、大きなうねりと歓声が今でも鮮明によみがえるという。七万二千人の声援に押され、マーチにあわせて夢中で歩いた。あの情景は宝物として心にしまってある。

「彼女（森）はアテネのオリンピックでしたよね。古代オリンピックをあそこでやったんです」

これを機に続いて欲しいが、高校の先生に情熱をもって育ててくれる人がね……と言葉を濁す。

「小林君偉いよ」

唐突に何かを思い、小保内は言葉を切る。自身の東京大会を最後に女子砲丸投はオリンピックから完全に遠ざかった。その歳月は四十年。遠ざかるのみならず、オリンピックから最も遠い競技と言われた。しかしこれは揶揄ではなく、世界記録に対する達成率が陸上競技全種目の中で最下位だったことによる妥当な評価であった。再び世界の舞台に押し上げた森千夏の選手生活を支えたのが、小保内の教え子でもある小林隆雄だった。学生時代の小林は一流選手の実力ではなかったが、強い選手のサポートにまわり、何かと気遣ってくれた印象がある。その中にいて、見よう見まねで勉強していた。今にして思えば小林は指導者の資質に恵まれた学生だったという。

9

松田靖子は森千夏について次のように話す。

「我々と3mいくつ違うじゃないですか。今はもう痩せましたけど、体の大きさはあまり変わらないのに。凄い練習をしたんだろうな。ウエイトトレーニングなんかめちゃくちゃしたんじゃないですか」

ローマオリンピックで優勝したタマラ・プレスや、黒人選手のアーリーン・ブラウン（アメリカ）たちに比べると自分は脇の下くらいしかなく、その大きさだけで圧倒された記憶がある。プレスは17m32、二位のヨハンナ・リュトゲ（東西統一ドイツ）は16m61、三位のブラウンは16m42という記録をローマでは残している。

「そう考えると森さんの方がずっと良い記録なのに」

松田はその日、関東インカレを観戦していた。競技場の観客席は、いつも中大の応援席に行く。

何だろう――――いつしかその選手に目が釘付けになった。双眼鏡を取り出さずにはいられなかった。ひとつの試技に懸ける並々ならぬ覇気がそこにある。やがて少しでも近くで見たくなり、フェンスギリギリのところまでスタンドを降りてじっくりと眺めた。機敏性、瞬発力。突出して終わるところで、森千夏はパッと脚を替える。ジャンピングリバースと呼ばれるこの動きだけは自分に近いと感じた。弾力性の塊のようなこの動作はよほど足腰が強くないとできない。

中大にも砲丸投の選手はいる。オリンピアンでもあるOGといえどもコーチがいるから余計な口出しは無用だ。インターハイに入賞したレベルの選手がほぼ毎年入ってくる。だが、なぜか知らないが彼女たちはピークまでやらない。石に齧《かじ》り付いてでも記録を出すんだという泥臭い考え、意気込みの選手など誰もいない。その先は自分のやりたいことをやるから陸上は学生時代まで、という選手ばかりが目につく。

松田の場合、親の反対を押しきって岩手から飛び出してきたのだから結果を出さなくては、という思いがあった。森さんには別の何かがあったんでしょうかねと話す。

「なんか、私が思っていたことみんな表現してくれるな、と。スタンドから見てたのね」

大学から社会人にかけて3m以上伸びた森の自己ベストの足跡は、体力勝負の投擲だからできたと、自身の経験と重ね合わせてそう考えている。体力づくりは必須で、三十代になるとほとんどの選手が伸びずに辞めていく短距離と比べ、投擲は三十代になっても十分競技を継続できる。あの重い鉄球を瞬発力で投げ飛ばすのはやはり体力がモノをいう。

「でもなぜ」と私は質問する。「数いる砲丸選手の中でなぜこの人だけがここまで伸びたんだと思いますか」

松田靖子は少し間をおいた。

「よそ見、しなかったんじゃないですか。指導者も良かったと思いますが、本人の考えかな。試合で他の選手を見てても、まるっきり違うから」

何かで知った「20mが目標」という森千夏に、松田は驚いた。本人が物凄く苦労して得たものがあるのだろうし、あんな重いものは厭だと敬遠しがちなウエイトも一途にやったのではないかという。

ところで――と、松田は話の区切りに「なぜ砲丸なんですか」と逆に問いかけてくるのであった。

数年前、三時間に及ぶ雑誌インタビューを受けたときも、記者に同じような質問をした。なぜ、こんな面白くないものを真剣に取材するんですか。松田だけではなく、会った人の全員ではないにしろ、砲丸投を経験した選手から私はこれと同じ質問を何度かされた。何度も、と言ったほうが正しいかもしれない。そして松田もそう尋ねる。なぜ砲丸投なんか聞きたがるのかと。

砲丸投を「面白くない」と松田が思っている訳ではない。しかし、砲丸投は「面白くないと思われている」という、経験則に基づく自覚が松田にはあるようだった。同時にそれは砲丸投を経験した多くの選手に共通している意見のようでもある。

他人の認知がない苦労は少し辛い。あんな地味で面白くないものになぜ、夢中になって何年もやるのか。

この種目の選手たちは多かれ少なかれ、その「なぜ」に少なからず出くわすのではないか。

松田靖子は森千夏のことをこんな言葉で表現する。

「なかなかこういう人が見つからなかったんですね」

森千夏がどんな心境でピットに立っていたのか、それはわからない。マイナー競技のもつ、マスコミをはじめとする他者からの扱いに対する劣性、言い知れぬ煩悩があったとすれば、本人しか知りえないことである。そう考えると誰よりも長大な森の叫び声は、身を焦がし、愛する競技に光を当てようとした叫びにも聞こえる。

「私が思っていたことみんな表現してくれる」

松田が言ったとき、てっきり砲丸投の動きや技能のことを言っているのだと私は思った。

観客を惹きつけ、砲丸の競技性を存分に伝えてくれる森の輝き。そのすべてに、松田は自分の思い描くイメージの体現を見ていたのだろうか。

第6章　夢のつづき

1

「え？　嘘でしょ。豊永か市岡の間違いじゃないの？」

小林隆雄は思わずそう尋ねた。高校を出てまだ一年ほどの森千夏が記録を出したというのだ。小林はそのことが今ひとつ信じられず、携帯に情報をくれた相手に何度も聞き返した。

二〇〇〇年四月三〇日、群馬リレーカーニバルで弱冠十九歳、大学二年の森が16ｍ43の日本記録を樹立。これは一九九三年の鈴木文を21センチ更新するものだった。

前年は日本インカレにすら出ていない。同じ大学の先輩でもある豊永陽子、市岡寿実の壁に阻まれ関東インカレは四位。日本インカレには一つの大学から二人という出場制限があった。

高校では小林が付きっきりだったが、大学も同じように誰かが見守っている訳にはいかない。共通のメニューはあっても自分の考えで動かなければならず大人として扱われる。ところが昨日の高校生が急に大人の行動は取れないし、一人で暮らすことに慣れそうにもない。高校が良かった、高校に戻りたいと愚痴をこぼす森をなだめつつ、心のケアと栄養管理のために小林はよく食事に誘った。自分の予定がつかないときには高成和江に「森に何か食べさせてやってくれ」と連絡していた。

一年秋の日本ジュニアは初の15ｍ台で、アジアジュニアの日本代表としてシンガポールへ。自身は三位だったが、そこで一位、二位を独占したのは中国の選手だった。

底上げされた実力を見せるのは二月の日中対抗室内三連戦。この大会、遠征した中国・天津での第一戦で15m65、続く北京大会は15m37、第三戦・横浜アリーナで15m78。そして迎えたシーズンだった。この頃にはもう、高校に戻りたいとは言わなくなっていた。

あらゆる試合の前、森は食事の話題を口にすることが多かった。それは頑張った自分に対する何よりのご褒美でもあった。

「日本記録作ったら焼肉連れてってくださいね」

「わかった。牛一頭でもいいよ」

そんな約束を交わしていたのは高成和江。その日の正午過ぎ、別の試合で国立競技場にいた高成の携帯に着信があった。ディスプレイを覗くと森千夏だった。

「もしもし。出ちゃいました」

「何が出たの？　焼肉？」

三日後、高成は他の学生二人と連れ立ち、成城学園駅前で待ち合わせた。森はアパートから小田急線でやってきた。

「牛一頭食べるんだから覚悟してよ」

注文を済ませた高成に森が尋ねる。

「取りに行かなくていいんですか」

「何が」

「焼肉屋さんっていうのは自分で取りに行くもんじゃないんですか」

食べ放題の店ではないのだと言っても、今ひとつしっくりこないようである。

「あの、先生。何か気持ち悪いんですけど。自分で取りに行かなくていいから。しかもこの肉、歯が要らないんですけど」

少し上等な牛肉だったせいか、それは未体験の歯ごたえだった。カルビ・ハラミ・タンなど注文の単位は常に十人前。森の食べっぷりに関心をよせた店長はこんなことを言った。

「プロレスか何かの方ですか」

この人は陸上の選手で、日本記録を出したのでお肉を食べに来たんですと高成は説明した。すると店長は、お祝いだと言って景気づけに分厚いステーキ肉四枚を提供してくれた。森は高成宅で二枚を焼いてもらい、さらに残りの二枚もその日のうちに自宅でたいらげたという。

秋の日本選手権で豊永陽子が16m46と森の日本記録を3センチ更新して優勝。森は市岡にも敗れて三位に終わる。豊永が前年に出していた自己ベストは16m10であることから、16m46も不思議ではない。身近な先行者には抵抗を示すのが人間ならば、下だと思っていた下級生が自分の肩口をスルリとかすめて日本記録をつくったことに無反応ではいられないだろう。だが、視点を上に置いていた森はそれほど重く受け止めず、むしろサッパリした表情すら浮かべ、みんなで頑張らないと、自分の記録も含めてこんなレベルで日本記録なんて言ってられないと話していたという。

学年では市岡寿実が一つ、豊永陽子は三つ上にあたり、森にとって彼女たちは格好の目標だった。インターハイ優勝記録を辿ると、豊永が一九九四年・九五年、市岡が九六年・九七年とそれぞれ連覇。続く九八年が森である。市岡が九七年に記録した15m53は二〇一五年まで高校レコードだった。豊永の性格は寡黙な上にマイペースで黙々とやるタイプ。市岡は少しムラがあり、「市岡が本気になれば強いのに」という声も多い。お調子者で人好きのする顔立ちの森は、競技で先行する二人の先輩にもわりと無遠慮に話しかける。森の目標は当初、日本のトップにいる先輩並びに日本記録だった。

男子ハンマー投の室伏広治（アテネオリンピック金メダル。オリンピック四大会代表）にこんなことを言われたという。日本記録だから何。日本一なんて世界に行ったらどうってことないよ。それ以来、森は外の世界へ少し目が向くようになった。野口安忠も自身の日本記録について私に同じことを言っていた。日本記録のあとに問われるもの。この記録、世界ではどうなの——皮肉にも日本記録を出すことで知ってしまう苦悩だった。

しかし、森千夏が日本記録を手にしたい理由は他にあった。それを出せば、たっての望みが近づくのではないのか。森が高校三年の陸連ジュニア合宿で上海体育運動技術学院を訪れたとき、隋新梅からコーチを受けた。指導は大雑把だが、ジェスチャーを交え、動きの理屈をわかりやすく説明してくれる。体幹を意識した捻りの練習を繰り返した高校時代の記憶が、森の中にずっと残っていた。最初の日本記録は、その動きをずっとイメージしていた。進歩の鍵は海の外にある、国外に出たいという望みを胸奥にかかえていた。

二〇〇一年三月、高校以来二度目となる中国・上海での合宿に参加。臆病で寂しがりやで、一人暮らしさえままならず、豊永や市岡に比べて一番言いそうにない森が「中国に行かせてください」と言ったことに周囲は面食らったようだった。

学生選手は指導者との関係がある。そこから外れることに、大なり小なり軋轢が生じることは想像にかたくない。この取材中も、そのことを少なからず感じた。取材を受けてくれなかった人物はなぜか大学関係者に偏っていた。限定されていたと言ってもいい。しかも、電話口の向こう側からプンプンと不信感が漂うことも少なくなかった。「森千夏の取材」と伝えただけで、必要以上に身構える人もいた。体育会系の縦社会は社会人の育成に貢献するが、その規律主義はときに特有の閉塞感にもなる。ある人物はしばらく電話で話したあと、こんなことを言って憤然とした。「なぜ上を通さないんですか」と。火に油を注ぐであろう言葉をグッと飲み込んだが、「なぜ上を通す必要があるのか」と私は即座に思った。相手にとってはきっと非礼なのであろうその尺度が私には理解できなかった。管理者を通すのは学生に取材するのならわかるが、卒業して何年も経ち一人前の大人に直接話を伺うことの何が問題だというのだろう。私の対応に問題があったのかもしれないが、重大な欠点には今でも思い至らない。

森千夏の見た上海体育運動技術学院は、高校で受けた印象とは異なっていた。通過した経験が静止したままだった「意味」を動かすのだろうか。

「あなたのは砲丸じゃないよ」

ここに来る前、ある日本の大会でスポーツ用品のブースにいた隋新梅にそう言われた。高三以来の再会だった。あなたのは砲丸じゃない――隋の言葉だけに信憑性があり、裏を返せばまだ伸びる余地が十分にあるというふうにもとれる。森は、この言葉を重く受け止めたのではないだろうか。

一九九六年、アトランタ五輪の女子砲丸投で19m88を投げて銀メダルに輝いた随は、21m66という世界歴代十位の自己ベストを誇っていた。

「中国では、がむしゃらに練習できる、自分がハングリーになれる」

日本にいると、日本記録凄いねと持てはやされるが、中国では18mのレベルでも特別ではない。日本にそういう選手は一人もいないが、ここではいろんな選手が18mや19m投げるのを常に見ることができる。何よりもこれが大きいのだった。

中国のウエイトトレーニングは、大学以上といえるほど質と量をこなした。体幹の捻り動作など、砲丸の動きに合わせた運動を組み入れる。重いものを拳上するだけではなく、どの筋肉をどう生かすのか。中国で散々言われていたのは、小さい身体ではスピードも出ないから、もっと大きくしてパワーをつけなさいということだった。変貌ぶりに小林や高成も本気でドーピングを心配するほど、帰国する度に身体が大きく膨らんでいた。理由は定かではないが、中国のウエイトはあまり筋肉痛にならないと森は話していたという。

ウエイトトレーニングにおける森の最高値は、二〇〇四年のピーク時にベンチプレス一三〇キロ、フルスクワット一五〇キロだが、この年の目標はベンチプレスでまだ一〇五キロを超える程度だった。

春先の静岡国際や関東インカレでは硬さがみられた。六月の日本選手権。15m69を刻んだ市岡がリードする展開で五投目を迎える。ここまで14m台が二本。体つきはすでに、高校時代の面影を探すことが困難なほどだった。その増強された速筋がスピードを生む。スタンドに反響する甲高い叫び声。砲丸は16mラインを大幅に越えて落下する。17mにせまる16m84。
ところが、足首のケガで出場した南部記念は14m95と精彩を欠き、痛みは秋が深まるまで続いた。

2

二〇〇二年シーズン前の中国合宿でまた筋力を増した。それが全て筋肉でもないのだろうが、大学三年から四年にかけ体重は十キロ増加したと記録されている。太腿の筋肉がパンパンに発達しているのがジャージの上からでもわかる。投擲選手は体重があるほうがいい。例えば、体重が八十キロと九十キロとでは、砲丸四キロの重さの感じ方が違うという。

四月の群馬リレーカーニバル、一位は16m44で森、二位は豊永で16m18。五月の静岡国際、一位は森で16m55、二位は豊永で16m19。

いつからか競技中に些細なことを気にしなくなった。多くの選手はピットに入るとき、利き手をできるだけ疲れさせないよう砲丸を逆の手に持っている。ほんの気休めであってもそうしてしまうのが競技者心理であろうか。

以前は森自身もそうだったので人のことは言えない。今は、左右交互の手でひょいひょいと砲丸を弄ぶ。そんな森に心なしか動揺し、あてつけのように取る選手もいたのかもしれない。だが、やってきたことがそうさせるのだから仕方ないのだった。ちょっとくらい手に持ったからといって変わるわけではない。一日百本以上練習して、試合ではたったの六本。六回手に持つ。それが試技に影響するのを気にしている次元であれば20ｍなど永遠に投げられはしない。

メーカーとタイアップしたシューズの自分に対し、中国選手は「質素」と形容するにふさわしい運動靴の選手すらいた。それでも中国選手の方が遠くへ放るのだから、靴などたいした問題でもないのだろうと思えてくる。

関東インカレで16ｍ80と自身の日本記録に４センチと肉薄。日本選手権は17ｍがいつ出てもおかしくないコンディションも、スピードが出すぎて制御がままならず上手くまとまらない。練習では17ｍを出しているので、もどかしさだけがつのる。16ｍ25の森を、豊永が五投目に１センチ逆転。豊永は最終六投目に16ｍ73で自己記録を大きく更新し、二年ぶり三度目の優勝を飾った。

七月の南部記念。森が16ｍ87の日本記録。二位の市岡も歴代三位となる16ｍ49。先の日本選手権では豊永に敗れ、アジア大会の候補になれなかったが、南部記念もアジア大会選考を兼ねていた。だが、アジア大会の切符も、五投目までリードされていた市岡との勝負も、さほど意識はしなかった。

国立競技場で行われた第七十一回を数える日本インカレは、二位に２ｍ50以上の差をつける。学生対抗としては最後の試合でもあった。豊永、市岡、森と三人で常にハイアベレージを残した学生陸上界の女子砲丸投も、下に続く選手は出現しなかった。

韓国釜山で行われたアジア大会には豊永と二人で出場した。豊永が四投目に森の日本記録を３センチ上回る16ｍ90。豊永に日本新を出された過去の試合では敗れており、厭な予感がしたという。

だが、投擲が左に流れていることを最終の六投目に修正。豊永をさらに3センチ上回る16m93が飛び出してしまうのだから面白い。

十一月の浜松中日カーニバルで17m39。ついに「17」という大台に突入し、年間三度目の日本記録。17m20のパリ世界陸上B標準をもクリアしたのであった。

しかし、世界選手権には微妙なラインだった。日本代表は、世界選手権本選で入賞可能な選手から選ばれる。砲丸投の17mでは予選敗退は確実であり、森が出場するには翌年の日本選手権優勝、その勝負強さをみせることが絶対条件とされた。

二〇〇三年二月、日中対抗室内横浜大会で、一投目から地面に17m35の痕跡を残す。自身二度目の大台も淡々と次の試技に備える。17m台を出した前回の欣喜雀躍はない。森の視線はすでに18m、この大会では17m50を一つの目安としていた。

日中対抗室内の前に、やはり中国合宿を敢行した。軽めの砲丸やスタンディングで局面ごとの確認。やっていることがまだ釈然としないと、動きの繋がりに課題を置いた。

3

ところで、記録を伸ばすために森は中国でいったい何をしたのか。

それをつかむため、私は資料を集めた。森千夏に関する単行本は上梓されていないので、専門誌に頼った。

７度も日本記録を更新した森千夏／写真は 2003 年、神戸ユニバー記念競技場にて（© 月刊陸上競技）

日本で刊行されている二社の陸上競技専門誌のバックナンバーは近場の図書館にほぼ揃っており、森千夏に関するページを漏らさずコピーした。この専門誌にさえ、結論として強化に至る練習のプロセスは書かれていなかった。「断片」とも言えない枝葉末節のコメントは、あるにはある。私もそれを拾い集めて、このルポの参考にしている。だが、運動の説明には言葉の限界というものがある。専門誌に書かれていなかったというより「書けない」のではないか。

私には中国語に堪能な知人や、日本語を話せる中国人の知人もいるので、彼らに通訳を頼み、実際に中国を訪問することも考えた。しかし、もし仮に話を聞くところまで辿りつけたとしても、果たして頭で理解などできるだろうか。バーベル一回の挙上も、一本のダッシュも、その重量や本数を数字で書き記すことはたやすいが、森千夏の求めた「強くなるための説明」にはならないだろう。バーベルの挙上やダッシュに何をどう意識するか。その事実に迫る「感覚」は、本人の内面の言葉を拾えるならまだしも、想像で文章化することは難しい。

高成和江がこんなことを言っていた。自身が指導する中学の砲丸投選手について「こういう子にはどんな指導したらいいの」と森に訊ねたことがある。わかりやすく伝えようとする態度とは裏腹に、森の話はやはり、とても難解でハイレベルのものであったという。

「千夏でしか感じられない、自分の中の感覚なんです。この力の配分だからこれだけの回転スピードだみたいなことを一生懸命言っているし、わかろうとするんだけど、実際の感覚は私たちにはわからない。千夏が伝えたい言葉も、私たちにはズレがあるんです。多分、大学で先輩たちが投げているのを見てても、本人の感覚とのズレは絶対感じている。人の投げは見ないようにしてますって言ってました。わかんなくなるから」

取材の中で私は、他者を通して森千夏と何度も出会えた気がしたが、競技財産の核心だけは、人知れず本人の中にだけ今でも眠っているのであろう。それはわかっていたが、それでも知りたかった。

私は横溝千明を訪ねることにした。横溝は上海体育運動技術学院でトレーニングを積んだ経歴があり、二〇一四年には日本選手権にも優勝している選手だった。取材を申し込むとき、中国のトレーニングを私自身が体験することは可能だろうかと伝えていた。そんなことで、理解できることなど知れているのかもしれない。しかし、知識ではない何かを身体で感じてみたかった。

横溝は二〇〇九年に日本女子体育大学を卒業し、今は同大学トレーニング室を管理しつつ、競技を続けている。高三でインターハイ三位となったが、陸上は高校までにするつもりでいた。思いがけず大学から誘われ、学費半額免除の特典付きで、とりあえず進学した。上海体育運動技術学院を初めて訪れたのは二〇〇六年、大学一年の三月だった。砲丸投の専門的な指導はここではじめて受けたのだという。以降、二週間の日程でこれまでに計六回訪れ、さまざまなトレーニングを積んだ。

「森さんがこれをやっていたかどうかはわかりませんけど」と戸惑いながら、中国で習った体幹のウエイトトレーニングを横溝千明がやってみせてくれた。体幹だけではあるが、20キロのシャフトをぐるぐる回すものをはじめとする五種類を、とにかく私はやることにした。本当はもう一種類あったのだが、それは砲丸投のグライド動作に近く、質問する気にもなれないほど専門的な形だったので、見た瞬間に諦めるしかなかった。

激しく息の上がる呼吸を整えつつ、横溝に比べかなり見劣りのする己の輪郭線を鏡に映していると、「普段、トレーニングされてます」と語尾を上げながら横溝に訊ねられた。やっていなければここまでの段階でもすでにできないはずだという。

私はスクワット・デッドリフト・ベンチプレスなどのスタンダードなものを、それぞれ一〇〇キロ程度の重量で週に2、3回ほどトレーニングしている。しかし、横溝に教えられたのは、私がこれまで意識したことのない部位の筋肉をターゲットにしていた。

抱えているウエイトはシャフト二〇キロ、プレート一〇キロとそれぞれ単体で使うので重くはないはずなのだが、やったことのない動きの中で操ると、これがかなり際どいものになる。横溝の求める動きは到底できてはいない自覚があった。それでも少し様になってくると今度は、「これをできるだけ速く動かすんです」と注文がくるのである。

両手で掲げた頭上のプレートを、体幹を左右に曲げて体側へと下ろす、というより落とす。メトロノームのようにこれを繰り返しているとき、最初に見た横溝の手本が頭をよぎった。似たようなことを私は今しているが、横溝はここからもっと、下方までプレートを下ろしていなかっただろうか。しかし、この体力と柔軟性ではできそうにない。腰を入れた状態ならまだ力も出るが、腰を前に出すからプレートが下りるのだという。さらに、かかとを浮かせるポジションまで取っていた。それでも思い切ってもう少し下ろしてみようか。葛藤に判断をせまられる。

怖い――そう思った。疲労で弱気になっていたからかもしれない。だが、さらに下ろすと力尽きて転倒する気さえした。たかだか一〇キロのプレート。それが、末端の小さな筋肉ではなく、たとえ筋肉の集中する体幹であったとしても、方法によってはまったく扱えないのだった。これが扱えるまでトレーニングを続けたとしたら、体幹をひねるパワーは相当のものになるだろう。

午後は回った気がして室内のスクール時計を探すと、針が直角を示していた。午後三時であることを私は二度見返した。昼食すら思い浮かばず、いつの間にかすごい勢いで時間が流れていた。

筋肉痛よりも「打撲」に近い症状にみまわれたのは翌朝だった。まるで交通事故にでも遭ったように、浅い呼吸をするたび体幹の深部に痛みがビッと疾った。体幹に留まらず、もしこれを腕や脚のメニューまでやっていたとしたら「全身打撲状態」でしばらく身動きがとれなかったかもしれない。

砲丸投に一番大事な筋肉は限定できないと横溝はいう。あえて言うなら全て大事。力は弱いところに抜けていく。腕の筋力がなければそこから力が逃げるし、脚が弱ければ脚から力が逃げる。だから全身をくまなく鍛える必要があるのだと。

「あまり筋肉痛にならない」と森が話していたことについて問うと、「きっとトレーニングに慣れていたからではないですか」という。横溝自身も中国を訪れる度に、確実に筋肉痛にはなる。それが、筋肉痛を感じないほど耐性がつくられるまでには、どれほどの鍛練をこなす必要があるのだろう。

横溝千明とは練習の合間に長いこと立ち話をした。最初に中国を訪れたとき、それまでの自己ベストはどんなに頑張っても13m15だった。中国の練習では周りと比べてあんなにも遅かったのに、日本に戻ると自分の動きが以前より速く感じられた。力が付いているんだとそう思った。翌月の大会で13ｍ70程度を投げると、6月上旬の日本インカレで14ｍ37。わずかな期間で1ｍ22センチも伸びた。

投げるために重要なことの一つとして、コーチの隋新梅がこんなことを言った。

「日本人は、力はあるのにスピードがないから投げられない」

ウエイトトレーニングはまずコーチがやってみせてくれる。体幹のトレーニングでは、それを見ていたコーチが側筋・腹斜筋などについて「やや後側」「少し前の部分」というふうに、その選手の弱いところを細かに指摘する。選手に応じて、または訪れる度にトレーニングの種類が微妙に変化する。その選手に「今必要なこと」が選ばれるのだという。だが、速く動かすことだけは、どんなときでも強調される。重くても同じスピードで挙げること。ウエイトトレーニングをしていると、もっと急げないのかと隋新梅が身振り手振りで要求してくる。

「『クイック』って日本語で何ていうんだい」

「『ハヤク』です」

「ハヤク！　ハヤク！」

バーベルが軽ければスピードも出るが重いと落ちる。動きを深くしても落ちる。だが、ムキになってスピードを上げようとするあまり「雑」になっては意味がない。雑や「力み」による速さではなく、どう力を出せるようになるか、生み出せるようになるかを身体に覚え込ませる。

別の日、ベンチプレスをすることがあった。設定は自分の最大筋力を超えていた。

「そんなの挙がるわけないじゃないですか」

「いいからやってみろ」

横溝がしてみると、バーベルを下げて少し返したところでコーチがサポートに付いてくれた。ベンチプレスは、上まで挙げる必要はなく、下げて返すところが砲丸投に共通している。胸まで下げると瞬間最大スピードですぐ挙げる。その局面を十回繰り返す。

中国の選手は練習の終わりにあまりクーリングダウンをしない。そんなのいいから早く行こうよと、向かった先の食堂でバイキング形式の食事をとった。安くて高タンパクなのだろうか、シャコとエビをみんなでどんどん食べるので、そのうちテーブルが殻で山盛りになる。

野蛮というのでもないが、雰囲気に慣れないせいか同じペースに乗れない。シャコについてはその形状があまり得意ではなかったが、エビはトラウマになるくらい何匹も食べた。

「剝いてあげるからたくさん食べなよ。日本人しょーがねーなあ」という調子の中国語で勧められたが、もう、次の一匹にはなかなか手がでないのだった。

スッポンもあった。日本のような高級仕立てではなく「ボイルのぶつ切り」なので単に亀をばらしたモノにしか見えなかった。ハンパない「亀感」にまったく手が付けられないが、中国の選手はお構いなしにこれを豪快に平らげていく。大食い生活を続けるうちに内臓を悪くするのか、肌が荒れてムクんでいる選手も中にはいた。だが、「食が太い」というのは確実に身体を大きくするという。

「その人が持っているもの。例えば、ケアしなくてもケガしない人がいます。食べるのもセンス。食べられないと大きくなれないので、それも力のうち。さらに内臓が強いっていうのは絶対的ですね」

横溝の話は、食べることが大好きだった森千夏にパッと繋がる。帰国するたびにデカさを増していたというが、それは食の土台があってこそなのだろう。食べると身になりやすい体質というのもあるのかもしれない。

20m投げる人がほんの数パーセントいて、その下に19mの人がいて、18mは凄い数の選手がいると横溝はいう。そんな選手たちも、スポーツメーカーのものを着ているのは一部のトップ選手だけで、多くの選手はどこのジャージか、どこのタイツかわからないものを着ている。Tシャツは綿素材で首回りが緩んでいたり、前にアニメのプリントがあったりする。

「びちゃびちゃに汗をかいたTシャツで、午後もそれで来るんです。だけど余裕で私より遠くへ投げるし、かなり上手い。威力というか、爆発力みたいなものが全然ちがいます」

横溝千明の自己ベストは日本歴代十位（二〇一七年現在）の15m77だが、中国では高校生が投げるレベルだという。

さらに、森千夏が言っていたように、シューズも簡素だった。靴下が露出してしまうほど甲が浅く、底の薄いシューズを履いている選手がたくさんいた。走ると脱げそうだが、何より「走って痛くないのかな」と思った。スーパーで見かけたそれは、おそらく日本円で二百円しない値段だった。

「日本人って良いモノ持ってるよね」

大人の笑顔で中国人選手が話しかけてくることがあった。「そんな良いモノ着て」と相手が冗談めかしていう度に、ほんのりと気まずさが漂う。買ったものではないのだと打ち明けるとこれが逆効果で、さらに驚きが上乗せされるだけだった。

「貰ってんの？　そんな良いモノ貰ってんの？」

マジかよ――と言わんばかりの驚きが語尾にこもる。日本では国内トップクラスになるとスポーツメーカーから様々なウエアが支給される。それより遥かに強くても中国では貰えない。かといって自分で購入することも難しい。所得や物価の違いだから仕方がないのだろうが、この中では明らかに弱いのに、良いウエアを着て良いシューズを履いている自分が浮き彫りになる。しかし、逆のことも考えさせられたと横溝千明は言う。

「私からすれば、ウエアがどうであれ、こういう施設に居られて、オリンピックのメダリストに教えてもらえるほうが羨ましい」

上海体育運動技術学院とはそういう場所だった。森千夏は当時、隋コーチに「あなたは20ｍ投げられる選手だと思って教えている」と言われていた。

しかし、それに必要なことは自分で考えなさいと付け加えられた。他のコーチもそうだが、聞いてこない選手には言わないし教えない。自分から動かないことには与えてもらえない。

森は紙と鉛筆を用意し、初めて自主的に辞典を開いた。やがて中国語も上達していった。

4

浜松に本社を置くスズキに嘱託社員というかたちで採用を得る。諸条件の中には、秋に控えた静岡国体の優勝が盛り込まれた。本拠地は浜松だが、長期合宿として母校の大学などでも練習が可能となる。午後一時までは全国各地の事業所で業務が割り当てられる。

第四章で記載したように、同期の池田久美子とは妙に馬が合った。すでに世界レベルにあった池田の存在は大きく、種目が違うので本音で話せて気も楽だった。

四月、シーズン初戦の兵庫リレーカーニバルで17m53と日本記録をマークする。続く静岡国際で再び17m53。ピットのラインは通常17m程度だが、森への期待から18mと19mを示す位置まで引かれていた。二位豊永が16m62、三位市岡は16m42と、両者に歴然とした差を示した。

自己ベストの比較では、この時点で豊永と63センチ、市岡とは1m04センチ。以前は同じような位置にいた二人と差を広げつつあった。

後輩の急成長を目の当たりにした豊永や市岡も、森と同様に中国へ行く、もしくはその技術や練習方法を取り入れようとはしなかったのだろうか。「なぜそうしないんだろう」と私は何度も思ったが、きっとそんな単純なことではないのだろう。

私は豊永にも取材のアプローチをしたが承諾は得られなかった。電話越しの会話のみで、人の性格を測るのは難しいが「切磋琢磨した仲でした」と手短に切り上げようとする会話の切れ目に、重い悲しみに蓋をした過去の息遣いが漂っていた。

「中国で何を習ってきたの」

洋行の珍妙な話題に興味を抱く少年然とし、様々なことを森に問うていたのは小林隆雄である。教え子との逆転現象が起こったとしても、無意味な見栄やプライドを張ることに何の意味があろう。森の身体の大きさにも興味を隠さなかった。本当にすごい身体だったので「ちょっと脱いでみろ」と冗談めかして言うと、「いいですよ」とグラウンドで脱ごうとするので慌てて止めたこともある。

会うたびに、驚くほどデカさを増していたというその身体には、高成も見惚れることがあった。太腿や臀部をウエアの上からマジマジと観察しているだけでは飽き足らず、触ってみる。ユニフォームも年に一度は採寸し、サイズアップを余儀なくされるほどだった。

「これヤバいね」

思わず森の肩や腕にもう一度触れてみる。

「変なもの食べさせられてない？　肉まんじゅうみたいな中に……」

「ないですよ」

「点心の中には？　なんか入ってなかった？」

冗談とも本気ともつかない会話がしばらく続けられたのだった。

日本人初の女子砲丸投世界選手権出場への最終関門となる第八十七回日本選手権を迎えた。

試合は昨年優勝した豊永、東日本実業団で16m66の自己新を投げた市岡と、熱のこもった試合が展開された。すでに世界選手権への調整をしていたという森が一投目に放った17m48で優勝を決める。二位は市岡の16m45、三位は豊永で16m36だった。

世界選手権はフランスの首都・パリで行われた。本番ではこんなにも思い通りの動きができないものか。大阪グランプリなどで欧米選手との試合経験もあるが、世界選手権は雰囲気からして違う。16m86で予選敗退。試技と試技の間は何をしていたのかよく覚えていないと森はコメントを残した。

スタンドで小林隆雄と観戦していた高成和江は、高校時代の森を思い出した。外国人選手に混じると小柄な森は一際小さく見え、完全に自分を見失ってウロウロし、深呼吸ばかりしていた。

「初めてインターハイに行った千夏を思い出して、もうあたふたしてて。何をしていいかわからない。中国人の後ろでウォーミングアップしてたんですけど、日本では大きかったのに中国人の後ろに千夏が入っちゃうとまったく見えないんです。何もさせてもらえないで試合が終わって」

翌月、マニラのアジア選手権。試合前は調子が戻らず、どんなに力一杯投げても17mに届かなかった。試合では二投目に17m30が出たものの、残る二本は16m台。ベスト8で自分の順位を見せてもらった。五位だった。何やっているんだ、これでは前年の釜山アジア大会と同じ順位じゃないか。ほぼ同じ顔ぶれの人たちに同じように負けるのか。

調子が悪い。本当にそうだろうか。不安や調子は自分が勝手に決めるものかもしれない。忘れていた気合いを呼び寄せる。五投目の砲丸がフワッと伸びて落ちる。

17m80、日本記録で三位。自己記録も三〇センチ近く更新したが、無邪気な喜びを持つことはできない。

森は17ｍ台で満足したことが一度もないのではないかという。

アジアだけを見ていてもダメだと痛感した世界選手権。17ｍ80は同大会では予選落ちである。その場の空気に飲まれて敗れたとはいえ、それを言い訳にしたくないし、何より世界選手権の経験は意識のアベレージを一つ上げてくれた。18ｍではなく「抜けても18ｍ」。抜けるというのは砲丸が手から離れるとき指などに掛からず、重心からわずかにズレることを指す。

実業団対抗の全国主要大会で、大会記録を1ｍ66センチ更新する17ｍ67。国内の女子砲丸投は森の独壇場となりつつあった。

静岡国体はもちろん手堅い。国体は各競技の結果を総合点で争う都道府県の対抗戦。開催地は優勝が大命題であるため、本腰を入れて数年計画の強化事業に取りくむ。それだけに、静岡県所属の森は絶対外せない大会だった。スズキと契約を結ぶときも、先に述べたように静岡国体優勝を条件として申し渡されていた。

地元のポイント獲得を託された森だが、五投目が終わっても16ｍ80と伸びない。不運なことに、ハムストリングスの痛みが再発していた。勝負という点では主導権を握っていたが、最終投擲で森の前に投げた選手の砲丸が思わぬ飛距離をみせる。

数字を読み上げる審判員――17ｍ28。

大きな世界だけを見ていた森が不意に平手打ちを食らわされた、まさに乾坤一擲だった。この記録は、優勝どころか翌年のアテネ五輪Ｂ標準17ｍ15にも到達。自己ベストでは森が上回るものの、代表争いは同じB標準として互角の立場となったのである。いつの間にかジリジリと這い上がってきた豊永陽子だった。

5

陸上選手の輝きは短い。期間限定で天分の素質を磨き、理想とするパフォーマンスを求めていく。しかし記録は無限に上がり続けるわけではないので、どこかで頭打ちとなる。多くの選手が、開けることのできない現実に限界を感じ始める。

森千夏にはこの限界がなかなかやってこなかった。それすら考える必要もないほど、記録の階段を急ピッチで駆け上がった。砲丸投に限定すると、男女を問わず日本人でここまで短期間に記録伸長の変遷を辿った選手は他にいない。ここで森の記録と、前年度からの更新距離を記しておきたい。

一九九八	高校三年	14m92	1・78m更新
一九九九	大学一年	15m07	0・15m更新
二〇〇〇	大学二年	16m43	1・36m更新
二〇〇一	大学三年	16m84	0・41m更新
二〇〇二	大学四年	17m39	0・55m更新
二〇〇三	社会人一年	17m80	0・41m更新

そして予告どおり18mも本当に到達してしまうのである。

二〇〇四年は世界を狙うアスリートにとって四年に一度の特別な年だった。陸上の五輪最終選考会は六月の日本選手権である。オリンピックへの出場権を目指す選手はそこに照準を合わせ、本戦で上位を狙う選手はもう少し先に調整していく。

四月十八日、静岡県西部地区選手権。会場となる浜松市四ツ池公園陸上競技場は、17m台を初めて出した記念すべき場所でもある。係員の計らいで、五輪A標準にもラインが引かれた。

それは二投目だった。落下地点を見つめ、一つ息を吐く。自己・大会・県・日本。多くの意味で過去最高レコードも、無邪気に飛び跳ねることなど、もはやありはしない。

18m22――――。A標準まで残すところ33センチ。

目標が実現するところに来ていた。「18」という数字には喜びつつ、波打つ感情はない。17mのときもすぐに豊永先輩が投げたではないか。18mは誰にでも可能性はあると冷静に分析した。それはそうだろう。中国で練習していると多くの選手が当たり前のように投げる数字なのだから。それより、練習で何度も投げているというA標準を手中にしたかった。そうすれば日本選手権で豊永に敗れたとしても自動的に内定となる。18m22でもB標準。まだ納得できる数字でない。

ここで、日本女子砲丸投が過去、大台突破に費やした期間を明記しておきたい。

15m時代は十五年を数える。小保内聖子が一九六二年四月に15m台突破、林香代子による16m台到達が一九七七年十二月。それから二十五年もの長きにわたる16m時代は二〇〇二年十一月、浜松リレーカーニバルで出した17m39により森が塗り替えた。そして17m時代は、五三一日。森は自らの手により一年半で終わらせてしまったのである。

この年、中国合宿は予定より早めに帰国したものの、例年の二倍に当たる八週間滞在した。体重が増えてもスピードの落ちない動き。欧米のような筋力を生かす投法ではなく、中国で学んだスピードを生かした投法がイメージと重なった。グライドからスタンディングに移行する局面の速度が増したと感じて帰国し、それを証明して見せたのが先の18m22だった。動作の中で、パワーポジションからの捻りが上手くいけばもっと記録が出ると考えていた。

森千夏がここまで伸びた理由をもう少し考えてみたい。中国合宿がターニングポイントにはなったが、私の調べたところによると中国でトレーニングを積んだ選手は他にもいる。

前述の横溝千明にこんなことを尋ねた。現在（二〇一六年取材）、ほとんど日本のトップにいるあなたからみて、約十二年前の記録である「18m22」というのはどういう感覚なのかと。ちょっと想像できないですねとか、凄いですよねとか、そういう返答を何となく待っていたが、少し違っていた。

「タラレバの話ですけど、社会人に入ったときから専門的に私を見てくれるコーチがいて、さらには競技に集中できる環境が与えられて、資金源もあって、贅沢な話ですけど。そうすると近いものはできるのかなって」

日本人で18mを投げた選手を見たことはないので「未知」ではあるが、「想像できなくはないです」と意

ついに 18m の大台に到達／ 2004 年 4 月 18 日、静岡県浜松市にて（© 月刊陸上競技）

外なことを正直に語ってくれた。均整のとれた体格で、身長は森千夏と大体同じくらいだという。インターハイには砲丸投のほか、なんと100mにも出場しているので十分なスピードもある。違いを挙げるとすると、体重がピーク時の森千夏より十五キロから二十キロほど軽い。

キレのある語り口調のせいなのか、横溝千明の言葉の一つひとつは「そういうことなのかな」と謎解きのようなイメージをもって私の中に立ち現れてくるのだった。

競技を続けている選手は仕事や学校などのルーティンワークがある。その合間の練習はストレスフリーとはならず何かに縛られている。中国のように「砲丸投だけ」を存分にできる選手が果たして日本にいるのだろうか。例えば横溝の場合、勤務を終える夕方五時から九時くらいまでが平日に確保できる練習時間。そこから一時間半かけて帰宅し、睡眠時間は平均五時間半取れれば良い。日曜は完全休養にあてるので、学生サポートを付けてフルに使えるのは土曜のみである。森千夏の社会人時代は、これとは比較にならないほどの時間を確保できていたのではないか。練習・食事・休養・睡眠・練習・食事・休養・睡眠。このサイクルを集中的に繰り返すことができると、強くもなれるのかなと、つい思えてしまう。ただ、それはどうやったら可能なのだろう。

考えてみると森は、日本記録を出した十九歳のときから、少しずつ必要なことを手に入れ、競技環境を整えていった。それが二十五や三十という年齢でも勿論構わないのだが、「十九歳」というのは人間が生涯のなかで、これから一番強い身体でいられるピークを迎える年齢でもある。

私が体験したウエイトトレーニングをどんな年齢でもできるかというと、相当シンドイと思う。

来年で三十歳になるという横溝は、だんだん疲れが抜けなくなってきたことを実感している。二十歳の頃は違ったのかと質問すると「無敵でした」と即答だった。どんなに鍛えてもまたたくまに疲労が抜けて、無尽の食欲のごとく食べられて、グングン大きくなれる黄金の年齢。そのときに森千夏はピタリと世界を狙える選手でいられたのである。

6

森が18m22を出した頃、調子には波があった。五月静岡国際では17m70と堂々の日本人一位だったものの、五日後の大阪国際では16m34とベスト8にも残っていない。本人はプレッシャーだと気丈に振舞っていたが、体調が思わしくない上に微熱もあった。しかし薬は一切飲まなかった。

18mを超えた日本記録の二週間ほど前にも緊急搬送されている。それは四月二日のことで、森はアパートで昏倒したのである。隣室の市岡寿実が物音に気づいて駆けつけると浴室で倒れていた。かなりの高熱でガタガタと震えていたので、全身シーツでくるみ救急車で搬送した。しかし、「もういいから帰してください」と病院の手当を拒絶するように言ったという。

高成和江は翌日、病院から無理やりに戻った森に会った。絶対誰にも言わないでくださいね――本人からは強く口止めされた。オリンピック選考を控えた大事な時期。ドーピングは勿論のこと、あらぬ風評を森は極度に警戒していた。

六月。アテネオリンピックへの選考会となる第八十八回日本選手権は、日本女子砲丸投史上最高レベルの争いとなった。

Ａ標準が出ればその時点で内定となる。Ａ標準というのは、オリンピックでも十分に戦えるとされる記録であり、決勝進出が見込めるレベルに設定されている。Ｂ標準は日本選手権に優勝したあと、理事会、評議委員会を経て選出される。選考基準はあるが、つまるところＢ標準は、この日本選手権で勝った方が行ける。Ａ標準の18ｍ55はまだ厳しい森と豊永にとっては事実上、一枚の切符を懸けた争いであった。

高成は東京高校のスタッフとして、会場となる鳥取市布施運動公園陸上競技場に来ていた。同校陸上部監督の大村邦英、砲丸投でこの大会に参加する同校の宋華麗、８００ｍにエントリーしている東京学芸大学の西村美樹（東京高校出身。女子８００ｍ元日本記録保持者）らと一緒だった。森に会ったとき、心なしか以前より小さくなったように感じた。

「しぼったの？」

「スピードが出ちゃうんで」

体重があるとスピードが出たときに止まれないので減量した、そんな意味のことを森は言った。

豊永陽子が三投目に17ｍ57の自己新。市岡寿実も16ｍ79の自己新で続く。

一方の森は最悪のシナリオに陥っている。一投目に15ｍ94と精彩を欠くと、以降は森らしい飛距離こそ出るものの「三投連続ファウル」という救いがたい状況をつくり出していた。

砲丸投の投擲動作には遠心力が働き、砲丸を放った後も身体は回転している。森はそこで踏ん張りきれず、サークル前方から左側に出てしまう。このとき、脚力そのものが落ちていたのではないかと高成は回想する。

「脚の力で止まれない感じでした。その時は他の選手と比べて凄いスピードに見えるから、スピードが出すぎて、調子が良すぎて止まれないのかなって思ったんですよ。でも結局、止めるための筋力がなかったのかなって、後から考えると思うんです。中国から帰ってきて、18m22をふっと投げたときの身体って多分一〇三キロです。日本選手権のとき、おそらく九二キロくらいじゃないかな」

不本意な投擲の連続に森は珍しくイライラし、ファウルのたびに怒気にまかせて叫んだ。五投目は日本記録ラインまで運んだが、またしてもファウル。これで四投連続ファウルである。

高成和江の横には宋華麗がいた。宋は砲丸投でこの大会に参加したが、三本投げた段階でベスト8に残れずスタンドを温めている。18m選手の森千夏が動くと、競技場はフラッシュが光りシャッター音が響いた。

「このプレッシャーの中で投げるって凄い、自分だったら無理だ」と宋はそんなふうに独り言《ご》ちた。

多くの観客はスタンドではなく、芝の上にシートを広げている。女子１００ｍほか、男子４００ｍハードルの為末大（同種目日本記録保持者。世界選手権で二度の銅メダル。オリンピック三大会代表）が登場することもあり、陸上競技にしては珍しく会場が埋まった。

後がなくなった。しかし、足止め材からどうしても出てしまう。四投目あたりから上半身の使い方を修正した。最終六投目。宋華麗が両手を合わせて祈るシーンがテレビに映し出される。

本当のところ、もう誰かが相手というのではなかった。一人、違う世界をみていた。自分のイメージができるかどうか、ただそれだけだった。悠々とその砲丸を運んだとき、森はまるで他人事のように涼しい表情を浮かべた。身体はサークルの内側にピタッと止まった。

17m91――。最終投擲は、疲れが出て動きが合ったのだという。

「とりあえず勝ちました。今ドーピングの検査に行ってます」

高成和江は試合後、小林隆雄の携帯に電話をかけた。砲丸投は終始中継されている訳ではないので、小林は試合の途中経過がどうなっているのか気が気ではなかった。

投擲のオリンピック出場は、トラック競技や跳躍に比べ限りなく「狭き門」である。一九九二年バルセロナ大会は男子やり投・吉田雅美、九六年アトランタ大会は女子やり投・宮島秋子、二〇〇〇年シドニー大会は室伏広治と、投擲四種目（砲丸投・円盤投・ハンマー投・やり投）中で三大会連続「男女合わせて一人」の代表選出である。

中でも砲丸投は、陸上競技の全種目で世界に最も遠いとされ、欧米人に比べ体格的に不利な日本人には向かない種目のイメージが定着していた競技だった。

日本選手権の翌日、小林隆雄はアテネオリンピック選考委員の一人から連絡をもらう。それはオリンピックに行けるという報せだった。女子砲丸投でオリンピックは無理だと、森は何度も言われてきた。出場できると最初から信じていたのは自分だけだったのかもしれない。一番身近な小林でさえ、森の発言に苦笑していた。

高成はちょっと違う。「信じる」というのでもないが「コイツ本当にやるかも」と、そんな気にさせる何かを、森が中学の頃から抱いていたという。

「普通オリンピックに出るって小学生でもよく言いますよね。夢はオリンピックですって。でも『夢はオリンピックです』じゃなくて『私は砲丸投でオリンピックに出ます』という言い方なんですよ。おぼろげな夢とかではなく、目力や強さがあって。なんか普通だったら冗談言うな！って言えるのに、あの子にはその言葉が出ない。もしかしたら実現するかもっていう気にさせる。それ以外はつっこみどころ満載な子なんですよ。いつもイジられてる。でも、その言葉の時だけは誰もつっこめない。多分、独特な力があると思うんですよね」

小林も、今から思うと間違っていたのはこっちで、正しいのは森のほうだったと反省している。

7

選考後もなぜか体調は重いままだった。七月の南部記念、オリンピックの最終調整という意味合いを持つ大会だった。具合が悪いことは公言していないので、欠場する訳にはいかない。原因不明の体調不良が伝わり五輪代表が見送られることも考えてしまう。それでも下腹部の痛みは治まらなかった。発熱も続いたので江戸川区の自宅近くの病院で診察を受けた。膀胱炎と診断されたが、それ以上の検査をさせなかったのではないかという。抗生物質と痛み止めが処方されたが、当然飲まなかった。

「このところ生理痛が酷くて動けないんです」と森は高成に話していたが、長い付き合いで生理痛について聞いたことなど一度もない。この時、下腹部には悪夢のような病巣がすでに根付いていたと考えられる。

仮に精密な検査をしたとしても、ステージは進行していたとみられている。

アテネ出発の直前は都営住宅の実家へと戻った。近所の商店街には、五輪出場を祝う垂れ幕がいたるところに掲げられた。サインを求めて実家を訪れるファンもいて、リビングに出していた長椅子でサインを書いた。母のかよ子は、娘がその椅子にやたらと座りたがるのが妙に気になった。だが両親とも、病気を患っているとは思いもよらなかった。

オリンピックが決まったあと、東京高校のある大田区鵜の木まで自宅からスクーターで行ったことがある。この時も、下腹部、特に膀胱あたりに違和感があると両親に話していた。

日本女子砲丸投として四十年ぶりにオリンピックの舞台に立つ。アテネより西へ約200キロの、古代オリンピックが行われたオリンピアの遺跡だった。ここでは男女砲丸投のみ開催された。この場所が使用されるのは古代オリンピック以来一六一一年ぶりのことで、森はB組の十四番目に登場した。

一投目は少し慎重過ぎた。自己ベストに2m以上も届かず。二投目も14m59と距離は伸びない。

何とかしたい――想像でしかないが、なぜこうなっているのか、理解できなかったのではないか。動きはイメージとは遠く、鍛え抜いて作り上げたはずの身体が力を出してくれない、その理由が何であるのか自分でもわからなかったのではないだろうか。三投目。声を張り上げるも16mの中盤を越えたところでファウル。

最高記録は一投目の15m86。前年の世界選手権よりもちょうど1m下回る。B組十九人中十七位、全体では三十八人中三十二位。

不調のため予選で終わるも、夢叶ったオリンピック（©月刊陸上競技）

三投で終わったアテネだったが、ここに立てたこと、中でも「古代オリンピア」という特別な場所で競技をした誇りはずっと心に残りそうだった。

二位に圧倒的大差をつけた選手が21m06で優勝したが、ドーピング検査で筋肉増強剤が検出されメダルが剥奪された。繰り上げの金メダルはユミレイディ・クンバ（キューバ）。一位から四位までが19m台、五位からは18m台。八位入賞が、四年後の北京、そしてロンドンと連続金メダルに輝くバレリー・アダムス（ニュージーランド）。記録は18m56だった。十位クレオパトラ・ボレル（トリニダード・トバゴ）18m35、十一位がリーヤ・タンクス（オランダ）18m14。あくまで仮定の話だが、森がベストの18m22を出していたら十一位以上という可能性がある。予選通過の最低ラインは李梅菊（中国）の18m16だった。

試合を終え、使用したナンバーカードの裏にこう記した。

〈四年後のオリンピック（北京）で必ず入賞すること！　また四年後のオリンピックで必ず金メダルを取ること！　辛いことやかなしいことがあっても妥協せず、達成するまで陸上を続ける〉

陸上競技全日程終了までの滞在予定を切り上げ、選手団と別れて帰国。機内では座ることができず、終始リクライニングにしていた。

帰国後すぐ、江戸川区の病院で検査。膀胱炎に腎盂炎を併発していると診断され入院。九月に退院したものの、強い痛みや発熱は断続的に繰り返されたため、投薬治療で様子をみた。

秋に埼玉国体を控え、退院後も安静にしていられなかった。国体は前年に敗れているのでそのことをずっと気にかけていた。得点を挙げて静岡県のために貢献したい。何があっても出なければ。

アテネ五輪出場時のナンバーカード

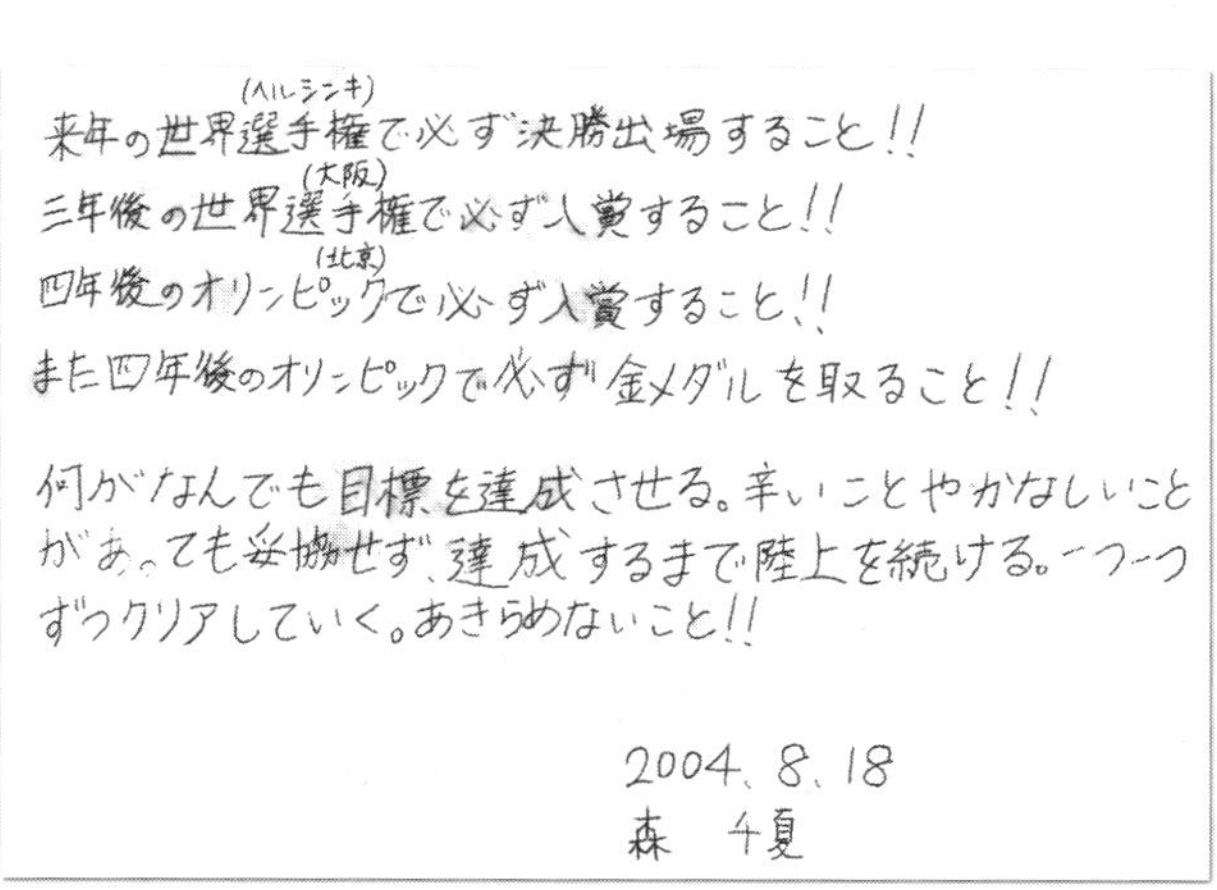

来年の世界選手権(ヘルシンキ)で必ず決勝出場すること!!
三年後の世界選手権(大阪)で必ず入賞すること!!
四年後のオリンピック(北京)で必ず入賞すること!!
また四年後のオリンピックで必ず金メダルを取ること!!

何がなんでも目標を達成させる。辛いことやかなしいことがあっても妥協せず、達成するまで陸上を続ける。一つ一つずつクリアしていく。あきらめないこと!!

2004.8.18
森 千夏

ナンバーカードの裏書

国体で現地入りしていたときに新潟中越地震が起こり、埼玉もかなり揺れた。「地震でなくなっちゃえばいいのに」と弱気にそう話していたという。強行出場も二投で棄権。やはり腹部が痛んだ。体力が落ちているのか、プルプルと足が震えた。14m21と高校時代の記録にすら届かない有様だった。

調子の上向く秋。ここでもう一度日本記録を狙っていたが、体調がこれではどうしようもない。

浜松中日リレーカーニバルに出場してシーズンを終える。国体前と、浜松中日リレーカーニバル後に大学病院で検査を受けたが、しばらくは発熱もなかったので途中から行かなくなる。体調も安定したため、その後もわりとトレーニングを積むことができたという。

8

二〇〇五年は次のオリンピックを目指すスタートでもあり、びっしりトレーニングに充てたい年だった。青写真はこうだ。今年のヘルシンキ世界選手権は決勝に残り、あとは中国に滞在してトレーニングを重ねる。前回は出場するだけだったが、ここからはその「世界」で勝負したい。世界の決勝出場はもはや十分に可能だった。練習は好きなように思う存分させてもらえる。次の二〇〇八年北京オリンピックの入賞は中国への恩返しでもある。そして二〇一二年ロンドンでさらに上を。

二月には約三週間にわたる中国合宿を敢行。日本でやっている方が調子悪くなると話すくらい身体も軽く良好だった。「何でもなかったよ」とケロッとして実家にも帰ってきたという。

三月三日から十一日まで、国士大の沖縄合宿に合流した。合宿前からまた具合は悪かったが、日程が決まっていたので参加に踏み切り、すべての日程をこなして東京へ戻った。

アパートの自室で四十一度の高熱に襲われたのは四月である。あまりの悪寒で着衣のまま浴槽に入った。それでも寒さにみまわれブルブルと震えが治まらず母のかよ子に電話をした。実家とアパートは距離があり、かよ子もすぐに駆けつけることはできないため、市岡寿実に伝えて川崎市の病院まで救急車で搬送してもらった。

検査の結果、CT画像で骨盤内に気になるものがみられた。そこには、あまりにも大きな陰が映っていた。さらに設備のある別の病院での精密検査を勧められた。少し落ち着きを取り戻したため、市岡が車で森の実家まで運び、部屋に寝かせた。しかし、布団を何枚かけても震えは治まらなかった。

後日、本人の希望で実家に近い江戸川区の病院に移る。

「お母さん、ここだったらすぐ来てくれるもんね」

四月二十二日に検査手術。局所麻酔による内視鏡を用いた施術だったが、手術室から出てきた森はかなり痛がっていた。数日後、かよ子は医師に呼ばれた。病室近くの一室だった。

「まだ娘さんお若いですけど、あと一年くらいで……可哀そうなんですけど」

膀胱内に米粒大の腫瘍がいくつかみられると説明を受ける。

だが、あろうことか本人の耳に入るという痛恨事となる。筒抜けだったその会話に驚いた森が「なになに」とベッドから起き出してきたのである。その場で一緒に聞くことになった。このとき、病名は不明だが余命一年であることを医師から告げられる。かよ子は、娘の様子をはっきり覚えていない。病気のことに加え、娘に聞かれてしまったことがショックで、頭が真っ白になったという。

当初はここでの手術を予定し、森本人からも採血した。だが、スポーツ医学も扱う大学病院を勧められ五月十九日に転院。再検査による病名は「骨盤内腫瘤」。病理検査により腫瘍は良性であると診断され少し安堵する。そうだとしても、全て切除して体力を回復させたほうがいいのではないかと医師より提案を受ける。

「ここ（下腹部）を開けて、モノを投げるのに使う横に走る筋肉を傷つけられたら困る」と本人は抵抗をみせた。その筋肉を切らずに開けるんだったらと躊躇する森に、周囲がやんわり説得した。次のオリンピックを目指すなら手術した方がいいよ、この腫瘍があるとまた熱を出すし、邪魔するし、良性だってわかっているんだから。患部は手術で全て切除できることを関係者の誰もが疑わなかった。

本人と両親が了承し開腹手術に踏み切る。だが開腹すると、そこには厳しい現実が待っていた。病巣は膀胱ではなく虫垂にあった。すでに腸や膀胱に浸潤し、癒着しているため切除はできないところまで進行している。有効な治療法や手だてがないまま縫合するしかない、そんな状態だった。

病名は「虫垂がん」という、症例の非常に少ない疾病である。手術は七時間半にも及んだ。施術中、かよ子のところへ二、三人の医師が説明に訪れた。

「病巣はあるのですが、癒着していて、取れる状態ではありません。腎臓から膀胱に管を通し、お小水が出るようにして後は閉めます」

医師からさまざまな専門用語を交えて伝えられるが、一人で聞いていたかよ子は、お辞儀するようにハイハイと答えることしかできない。閉めますという医師の言葉にうなづくよりほかはないのだった。手術中は気が気ではなく来院しなかったという父の健次は、そのときのかよ子を代弁してこう話す。

「『わかりました』と言っている割には、何で何でって腹の中で思っているんですけど、そうやって専門用語が飛び交っていると、もう何も言えないんですよね。こっちは返答できない」

ちょっと待ってくれと、誰もが判然としない思いを持ったのではないか。患部を切除するための手術だったはず。何のために開腹したのか。そうしなければ現状がわからないものなのだろうか。

結果として、この手術が闘病生活の苦痛に追い討ちをかけることになる。それは、切開した部分を完全に縫合できなかったからにほかならない。患部を切除していないため、がん細胞が肥大し、切開部の結合の邪魔をするのである。下腹部からは二本の管が装着されたままだった。

医師は術後、ボードにＣＴ写真を貼り、両親と小林隆雄に説明した。余命一年であることを告げ、今後の治療法などを伝える。

納得して手術に踏み切ったこともあり、初めのうちは本人に知らせなかったという。かよ子は小林に相談した。本人に伝えないと治療ができないし、治療が始まったらわかることだから。あいつ、バカでもわかる。それを伝えないと治療は受けないって言うんじゃないか、小林はかよ子にそう伝えた。

森は、身に降りかかっている状況に疑問を持ち始め、その思いを母にぶつけた。

「なんかお母さん、嘘ついてない？」

母娘二人で病室にいた。この子には嘘をつけない、ダマすことはできないし、ダマしてはいけない。かよ子は、千夏がまだ幼い頃を思い出す。たとえ大人の方便だとしても嘘が嫌いな子だった。

すぐには実感が持てないのか、事実を告げられた森はそれほど深刻な様子でもなかった。これは余命を告げられた患者に特有のものでもあるという。

「私、がんなんだって」

森からそんなメールを受け取った高校時代の同級生たちがお見舞いに行くと、本当に病人なのかと思うくらい元気だった。決まってトトロのジグソーパズルをしていた。メロンパンを齧《かじ》り、オヤジドリのイラストを描いていたあの頃と何ら変わりはしない。

「北京がダメでも、次のロンドンがあるから」

これからどうやって病気を治していくか、競技の続きを前向きに話していた。

9

「こんなに元気で明るいがん患者なんていないわよ」

大部屋の年齢層は高く、手首には森と同じ痛み止めのバンドをみんな付けている。重篤な患者も多いが、いたって親切な彼女たちは差し入れついでに話しかけてくれる。この中では私が一番若くて一番軽いと、森は見舞客に明るく努めていた。

夏の終わりから初秋まではいつもTシャツに短パンで十分だったが、スウェット地のパーカーを着こんでいた。暑がりだった森がいつしか寒がりになっていた。なりはまだ大きかったが、「筋肉無くなると寒い」と話していた。

医師の助言で洗濯は自分でやることにした。腹部にチューブを付けたまま移動し、下階にあるコインランドリーの洗濯機にお金を入れる。終わる時間にまた行って乾燥機に移し、室内の丸椅子に腰かける。目を背けたくなる現実が、そこで押し寄せたのだろうか。外部に聞こえるほどの嗚咽をもらしていたことを、高成和江はある看護師から聞いた。

高成は、病院の一階にあるスターバックスに森と二人でよく出かけた。スタバのレジカウンターでは、いつも同じものを注文する。高成がコーヒージェリーフラペチーノ、森は抹茶クリームフラペチーノ。中学の遠征ではカレーにチョコを入れたが、コーヒーなどの苦いモノはあまり得意ではなかった。五十円増しのホイップクリーム追加を忘れず店員に告げる。

「クリーム大盛りにしてください」

「そんな病人いないよね」

もう少し早い段階で精密検査でも受けていればと、高成和江は何度も考えたことがある。

「その病気は、日本ではすごく限られた人しかいないし、結果的には同じだったかもしれない。ただオリンピックはなかったと思います。早く知って、早く治療するってことだから。もしかしたら、余命は長くなるかもしれないけどオリンピックはなかった。だから、千夏はアテネに行くために命をもらったんだろうなって」

オリンピックイヤーでなければ、体調の異変に気づいた段階で適切な治療ができたのかもしれない。オリンピックを一つの目標として生きてきた森にとっては不運だったが、それでは片付けられない。だがせめて、アテネ五輪が終わった時点で病状を確認できていれば。

両親も同様な思いに幾度も苛まれ、心を苦しめた。健次は盲腸の手術を二回経験している。五歳で手術したが、切り方に問題があったのか癒着してしまったため、中学でもう一度施術した。だから腸には気を付けるように言っていればよかったのだろうか。発症したとき、表面から見て腫れていたりすると判別できたのかもしれないが、表皮下は脂質で隠れ、さらに筋肉で覆われているのである。

秋は砲丸の映像をずっと観ていた。

「練習でも試合でもいいから砲丸投を見たい」

本人の要望で、秋季の試合映像が各所から届けられた。ハンディカムのビデオカメラにテープを入れ、小さなモニターを飽きることなく何時間でも見ていたという。病気が治って自分の身体を取り戻せたらまずどうするか。体力も落ちているので、上り坂のウォーキングから始めよう。復帰計画をメモ帳にそう書き記した。

人生は「選べること」と「選べないこと」がせめぎあっている。生まれ、資質、容姿、老い、病気。人が生きていく上で、大半の悩みや苦しみが選択できないことで占められている分だけ、「選べること」は幸福であることの尻尾を掴んでいる。「諦めること」も同じで、「諦めるな」といくら励まされても、ぎりぎりと奥歯をかみしめつつ「諦めるしかない」ことに出くわしてしまう。彼女の人生にも数えきれないほどの「諦めること」があったと思う。そして、諦めずに済んだのが砲丸投だったのだろうか。だからまだ選んでしまう。何をどう復帰するか。ピットでこれからどう投げるかを。

国立がんセンター、亀田メディカル、日本赤十字社医療センターなどのセカンドオピニオンを、かよ子は家族と共に回った。

「家族がみんな、藁をも掴む気持ちで。一つの病院より、何か所も行けば助かる道もあるかと思って」

二〇〇六年初頭、抗がん剤治療を中止した。抗がん剤は痛みと吐き気がひどい上に体力の消耗も激しく、脱毛などの副作用もあった。髪が抜けるので枕カバーは毎日洗わなければならなかった。

病状が一向に改善されないため、森は医師に訊ねた。ところでこれ、効くんですか。医師は「わからない」とそう答えるしかなかった。抗がん剤を止めますと言ったのは森自身だった。

がんに限ったことではないが、疾病に対する治療法は医療機関により少し違いがある。しかし、どのセカンドオピニオンでもほぼ一致している意見があった。

「虫垂がんは、完全に治癒する可能性が低い」「抗がん剤は止めた方がいい」という二点である。

抗がん剤は、体内の免疫力を低下させてしまうというのが大きな理由だった。ただ、それに代わる治療法は保険適用外が多く、莫大な治療費が予想される。

師走に退院し、三が日を実家で過ごした。食事は自分で摂れたが、痩せて体力が減退し、もうどこかへ出かけられる状態ではなかった。それでも、どうしても見たいものがあった。

肌寒い春先、健次の運転で国士大のグラウンドへ向かった。森は父の運転が好きだった。レンタルした大きなワンボックスに布団を敷いて森を寝かせ、車椅子も乗せた。本当はもう少し早い時期を希望したが、寒さが和らぐまで先送りにされていたのだった。グラウンド脇の駐車場へ車を停めた。

車椅子は健次が押す。二本の管が下腹部を圧迫してとても辛そうだった。傍らにはかよ子もいた。

砲丸投のピットを目にした森千夏は、止めどなく大粒の涙を流していたという。

「お父さん、帰れるよね。ここに帰れるよね」

「お前次第だ。帰れるよ」

陸上競技への復帰が、これまで娘の闘病を支えていた。だがさすがに、このときはキツかった、自分たちはもうダメだってわかっていたから。健次はそう胸のうちを明かす。

オリンピックからわずか一年半で暗転した世界。しかし、もう再起は絶望的だった。

四月になり、免疫治療に切り替えるための募金活動が提案された。抗がん剤は、がん細胞の増殖を防ぐ効果があるものの、副作用は避けられず体力が消耗する。一方、免疫治療は自分の免疫細胞を体外で増殖、強化したのち体内に戻し、患者のもつ免疫システムでがんに対抗していくもので、副作用も軽微であるとされる。だが、保険適用外のため一度の治療に数十万円が必要となる。その費用を工面するには、森の病状を公表し、募金に頼るしか道はなかった。小林は、国士大やスズキの関係者、日本陸連とも相談して慎重に事をすすめた。

募金の活動内容や口座開設が決まり、一週間後に口座が開設された。為末大、池田久美子、澤野大地（男子棒高跳日本記録保持者。オリンピック三大会代表）らが中心となって募金活動がスタートした。

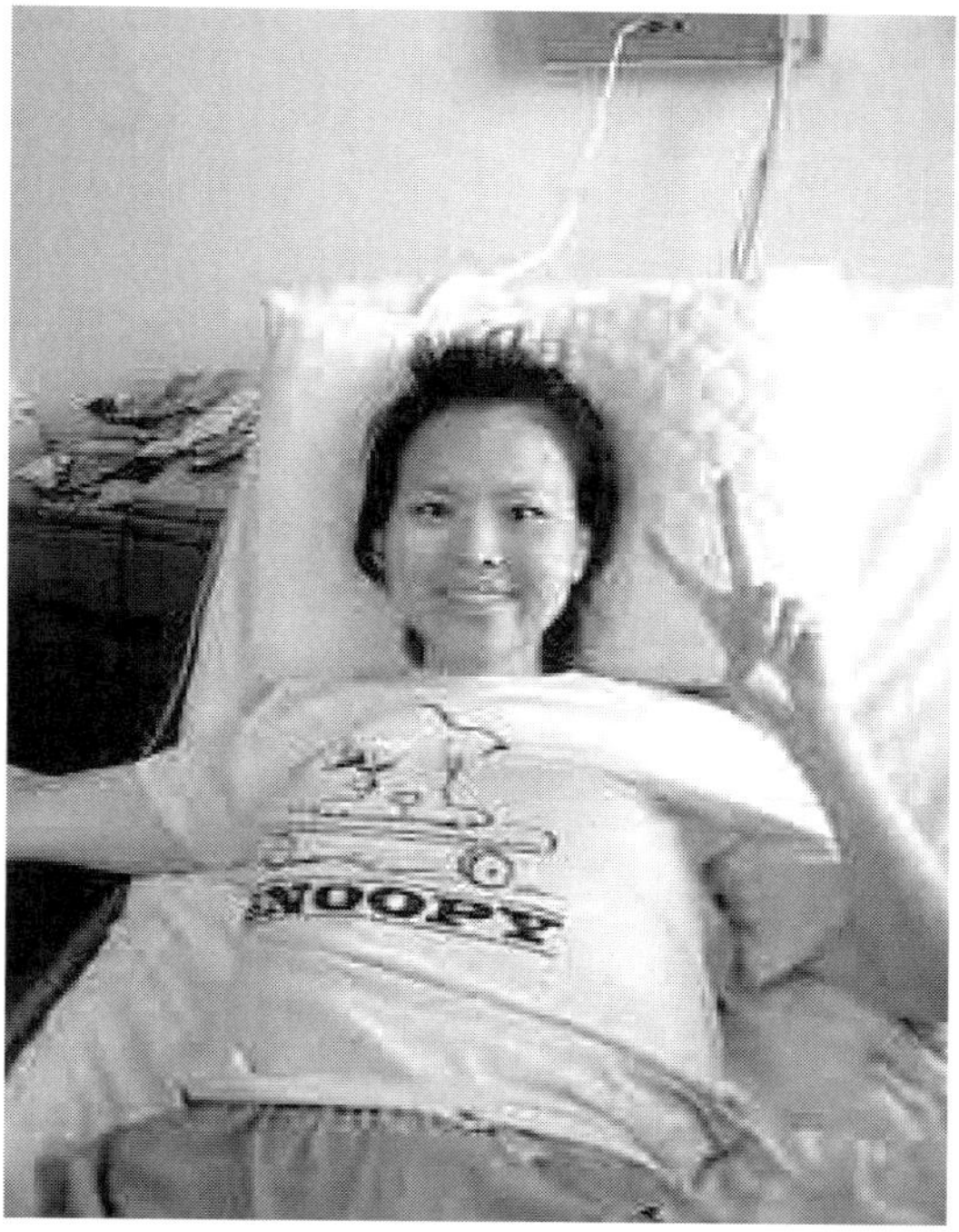

競技への復帰を願いつつ、病床での治療やリハビリを続けた

五月に岩手医科大学付属病院を当たった。虫垂がんを治した実績があるという情報に一縷の望みをかけた。新幹線の授乳室に寝かせて運ぶこともＪＲに了承をとった。直接本人を診てもらうほうが良いという判断だった。打つ手があれば一日でも早い方がいい。もし可能性があれば、そのまま岩手に入院させたい。しかし、この体調では動けないと本人が訴え、同行は見送られる。仕方なく両親と小林の三人で岩手へと向かった。

虫垂がんにも系統があり、デジカメで撮った患部の写真を見せると「私の治療した症例と違うので。何もできなくて申し訳ないです」という答えが医師から返ってきた。

10

開腹手術から一年が経つ六月あたりから容体の悪さが顕在化し、同時に自制心をなくした。病室で暴れ狂い、携帯電話を看護師に投げつけたこともある。健次はその頃の心境をこう語る。

「もう完全なるパニック状態です。誰でもね、私でも、そんな状態になればもう死ぬってわかってた。テレビドラマと違って、そんな冷静にいられる人は絶対にいないと思うんです。気が強いこと言ってても、裏を返せば、気が弱いから強いこと言ってれば気が紛れるんだっていう、そういう子だったからね。尚更だと思うんです」

看護師の中に一人、自身も重い病気を経験している人がいた。患者の気持ちがわかるのか、森はその看護師にだけは心を開き、冷静さを取り戻すことができた。

病室の入り口に、他の患者と並び「森千夏」とマジック書きされた白地の名札がある。書かれては消され、使い回されたのだろう。地にうっすらと消し跡が残る。千回でも夏が来るように。「千夏」という名前には生への豊かさと安定を込めたそんな意味があるという。

かよ子は娘が愛用していたトトロのメモ帳を私に見せてくれた。強くも弱くもない筆圧の、やや丸まっこいゆるやかな文字でこう記されていた。

〈六月三日（土）泣いてばかり。親に甘えてばかり。もっとしっかりしなきゃ！〉

〈六月四日（日）自分を見失う。こわい。自分がどこかにいきそう。誰にたよればいいかわからない。ダメになりそう〉

期待された免疫治療も、病状の進行が早まり思うようにできない。外来での治療となるため、森自身の体力回復が待たれた。

「ちょっとお話があるので、ご両親と息子さんで来ていただけませんか」

両親は病院からの電話があるたびにいつもビクついていたという。病院に出向いたのは六月十九日だった。それはもう悪い話だということは誰にでもわかる。ナースステーション裏の狭い会議室へ入るまで、娘はもちろんのこと、同部屋の患者にも気づかれないように細心の注意を払う。誰かに見られ、娘の耳に入ることだけは避けなければならない。

余命二か月。医師に告げられたのは無情な宣告だった。全ての説明が終わり、最後に「もう処置はできません」と言われた。同時に『緩和ケア科』が院内にできると聞いた。緩和ケア科とは文字通り、死を前提とした心の不安や身体的苦痛を和らげる専門科である。

「痛いのはもう。それをしないようにやってくれればいいです」

健次は医師にそう伝えた。医師にはっきりそこまで言われればそれ以上何もなかった。

「もう諦めです。長かったからね。そこまでやったけど、あと二か月。私らが助けられるわけではないし、そうですかって聞くしかない。医者に任せるしかないっていうのはわかってます。それでガタガタ騒いだってしょうがない。諦めてましたから」

病気になる前、娘から疎まれがちだった。取材中、前後の脈絡なく健次がこんなことを言った。千夏は私のことが大嫌いですから。大会でも健次が来ると険悪なムードになり、「いいから早くスタンドに行ってよ」とつい文句が出る。どこにでもある父娘の光景であろう。

「ちょっと言いすぎたかな、大丈夫かな」

健次が去った後はきまってそんなふうに言うのだと池田久美子は話していた。

森が病気になってからというもの、皮肉にも父と娘の間に会話が増えていった。仕事を終え、夜十時過ぎに病院へと向かう。娘の注文したアイス『ガリガリ君』などを手に提げていることもある。森は健次が病院に来るだけ、それだけで十分だった。

「お父さん、仕事やりながらだから大変だね。なんか悪いね」

「悪くなんかねえんだよ」

ほどなくしてナースステーションに近い個室に移された。もう死が近いことを本人は悟り、涙を浮かべた。泣き疲れ、睡眠薬で寝息をたてる娘を見届け、かよ子は帰宅の途につくことが多かった。

両親は娘のやりたいよう、希望通りに動いた。自宅に帰りたいと言えば迎えにいき、口にしたいものがあれば与える。健次の定休日でもある土曜には一時帰宅するが、もしもの事態を考えると怖くなり翌日病院へ戻ることが多い。自宅ではベッドに横たわったままだった。一人暮らしのアパートを引き払うとき運び込んだベッドを使ったが、新たに医療用をリースした。

開け放った窓から届く東京音頭のリズムに、また涙があふれてくる。

それは森がまだ幼い頃から続く臨海町自治会の夏祭りだった。遠くの祭囃子に聞いていたのは、小学生の頃に習った臨海太鼓。櫓の上で汗みずくに太鼓を叩いた夏の夜がある。スポーツにどっぷり浸かり夢が大きく膨らんでいけばいくほど、臨海太鼓も夏祭りも、いつしか近くて遠いものになった。かよ子は追想する。

「お祭りであんなに楽しむようになっちゃったのかなぁって。やっぱり寂しさがありましたよね」

短時間なら車椅子で行けたが、悩む前に敬遠するしかなかった。あれを食べたい、あれも欲しいという要望に応えて健次は露店を覗いた。焼きそば、フランクフルト、かき氷、焼き鳥。だが、どれも身体が受け付けず戻してしまう。それでも口にできただけで満足そうだったという。

八月四日は姉の照代が来ていた。照代の三人目の末娘で一歳になる楓花もいた。この子は千夏に似ているとよく言われることがあった。楓花に手を差し出そうとするが、ベッドに横たわったまま衰弱しきった身体は、もはや腕を持ち上げるのが精一杯だった。一〇〇キロの体重はみる影もなく痩せ細り五十キロを割った。

翌日の午前中、腹部の装具を交換しているとき、緊急事態に直面した。

「お母さん、痺れてるよ、なんだろう」

ほとんど裸のまま毛布にくるみ救急車で搬送する。救急隊が血圧を測ると、上が五十まで下がっていた。痛みが治まらずモルヒネの使用を両親が承諾。麻薬の一種でもあるモルヒネを投与すると、眠っている時間が長くなるとの説明を受ける。

11

大阪インターハイが終わったその日、高成和江は引率した成城学園の生徒と大丸デパートでお土産を物色していた。携帯が鳴る。危篤だ、俺は今から車で帰るという小林隆雄からの知らせだった。

ホテルに戻り片端から荷物を詰め込む。放心を半分引きずり、無我夢中で高速道路を東へ向かった。時計は夜の十時を刻んでいた。着信履歴に気づいて小林に連絡を入れる。小林は高成の一時間前に大阪を出ていた。

「実は俺、バーストしちゃったんだよ」

浜松あたりでバーストしたためＪＡＦを待っているということだった。だとしたら、高成はどこかで小林と擦れ違っているはずだ。そうと気づかず追い抜いてしまっていた。病院へたどり着きたくて、他のことに気を取られている余裕などなかった。

深夜の緊急受付を済ませる。暗闇の廊下に明かりを放っていた病室には森の両親だけがいた。高成は森の手をそっと握ってみる。

「わかる?」

そう訊くと、握り返してくる。朝方の四時を回った頃にようやく小林が到着。そのあと高校の同級生たちも続々とやってきた。森はただ、息をしているだけだった。

「森ちゃん、森ちゃん」

遠藤瑠美子が問いかけると微かに手を上げる。

「入賞したぞ」

女子砲丸投で四位入賞をした鈴木梨枝(当時二年)の賞状を小林が手にすると、ほとんど意識はないはずなのに、ぱらっと眼が開く。このとき、「時間の問題です」と医師から伝えられた。それでもしばらく小康状態が続いた。

朝から雨模様の八月九日。川崎市の等々力で関東中学校陸上競技大会が開催され、小林も中学の選手を見る予定にしていた。高成和江は自分の生徒を引率してすでに競技場に来ていた。

病院に寄ってから行くべきかどうか小林は迷ったが、とりあえず大会に向かう。高速道路に乗る直前、携帯が鳴った。かなり危ない状態だという健次からの知らせだった。

高成和江は小林からの着信で「いまどこにいる？」または「千夏のこと」どちらかだろうと思った。

「おい！」その瞬間、後者であることがわかった。

「やばいぞ。今電話があったから、俺はこれから行ってくる」

「試合が終わったら行きます」そう伝えて電話を切った。

十時過ぎの着信は、再び小林からだった。今度は森のことであるのは明らかだった。

「アイツ、俺が行くまで待ってたよ」

不思議と涙は出なかった。何も思えなかった。亡くなったこと、小林先生は間に合ったこと、二つの感情が薄らぼんやりとそこに漂っていた。午前の試合を終えて病院へ着くと、森はベッドの上にいた。寝ているとしか思えない穏やかな表情だった。

手に触れてみる、二日前と同じように。

時間は経っているはずなのに、温もりがあった。人は亡くなっても、すぐには冷たくならないことを高成和江は初めて知った。二日前には握り返していたその手がピクリとも動かなかった。

ふいに涙が頬を伝うのがわかった。

「脚を見ていいですか」

中学のときは自慢のふくらはぎだと話していた。太腿裏のケガと付き合いながら鍛え抜いてきた。毛布を捲る。そこにあるのは知っている森の脚ではなかった。

よく頑張ったね。ありがとう。いつしか、脚にそう語りかけていた。毛布越しにさすった骨のゴツゴツした感触が、しばらく手から離れなかった。

森は自宅で二日間をすごす。手術以来ようやく下腹部のチューブが外され、傷口も縫合された。布団が掛けられたその腹部のあたりに、森が高校のときから飼っているミルという猫がいた。乗ってはダメだと言えないくらい、ミルは身じろぎもせず居座りつづけていた。この猫が二年後に息を引き取ったとき、きっと娘が連れて行ったのだろうと両親はそう思った。

「豊永先輩が来られてます」

高成和江が準備のために青山葬儀所へ行くと、かよ子がそう教えてくれた。豊永陽子が現れたのは予定よりかなり早い時間帯だった。先に顔を見たくて、会っていいですか。もちろんです。かよ子と豊永は、そんな言葉を交わしたという。

腕を組んだ豊永が、遺影に何かを語りかけていた。高成が豊永に近づき、こんなに小さくなっちゃってねと話しかける。献花の芳香に包まれる広い斎場。そこは三人だけの世界だった。

しみじみと遺影を見つめる豊永陽子。

「最後は何キロまでいったんですか」

「多分一〇三キロだと思うよ。三桁いったことは誰にも言わないでくださいねって、その時は言ってたんだけどね」

「一〇三キロまでいったんや」

あの豊永がそう言ったんです――高成和江はそのことが胸にジーンときたという。豊永と森の関係が完全に逆転している証拠だった。豊永にとって森は、何でも言える三つ下の後輩に当たるはずだが、体重すら聞けなくなっていた。

命が消えるとき、小林隆雄が病室に入った数秒後にモニターが赤く光り、「ピー」と心肺停止状態を知らせる音がした。まるで小林を待っていたようでもあった。数分後に医師から臨終を告げられた。

森の意識がなくなるあたりまで、もうダメだとは思わなかったと小林は話す。だが、目の前のモニターと医師の宣告は、何をどう考えても死亡を認めざるを得ない状態だった。それは、あの人懐っこい森に二度と会うことのできない永遠の別れを意味していた。

森が高校を卒業してからの小林は、自分が出過ぎないように周りとの均衡を保つことに努めた。病気を患ってからも「なぜ小林がいつも先に知っているんだ」となってしまうことに細心の注意を払っていたという。顔を立てるとか、顔を潰すといった類のわきまえは、スポーツ界ではことさら厳格で重いこともある。

私は小林隆雄という人物を知りたかった。第一章に記したが、小林にできるだけ密着した取材を、東京都の大会で二度ほど試みた。表題を『森千夏』に定め、資料を調査する中で、最も関わりのある人物だと予想したからである。最初に会ったときにその確信が深まっていた。

「いいですよ」とは言ってもらえたものの、相手の側からしたら大会の引率中に近くをウロウロされるのが迷惑なことくらい承知していた。

さらに迷惑だったのはきっと、私があまり質問をしないことではなかったろうか。質問を準備した取材の中でも、ある程度は対象者の人柄を知ることができる。だがそれ以上に、小林が指導者の立場として出す雰囲気や、間の取り方、指導観、ポロリと漏らす本音など、生きた言葉に出合いたかった。それらは現場の中でしか探すことができないと考えた。しかし、そういう意図をやんわりと伝えたにもかかわらず、小林は気を遣い、役員などで競技場に居合わせている、森と縁のあった方を次々に紹介し、時には電話連絡までして呼び集めてくれるのだった。森をよく知る人物も多くいたが、中には突然紹介されて戸惑う人もいた。だがその気遣いも小林の一面を表していた。

小林隆雄に会っていなければ、森千夏は果たして、ここまで競技を続けていたのだろうか。そもそも良い指導者の条件とは何だろう。自信を持ってグイグイ引っ張れることや、惜しみなく自分の時間を使えることだろうか。若者の持つ、逃れる術のない空虚を読み取れる人間のことだろうか。人の裏側に眠る心理に気付けてしまうことで小さな物語が生まれる。小林の演出で過ごせた東京高校物語から世界を目指すまでずっと、ストーリーは続いていたような気もするし、物語を生きるのは人間にとって張り合いのあるものだとも思う。小林にそういう意識などさらさらないとしても。

高成和江が小林のことをこんなふうに話していた。小林先生には「俺じゃない」という思いがある。不可能だとされた砲丸投のオリンピック選手・森千夏を育てた指導者。これは陸上競技を指導する立場としては最高の実績、ステータスとなることは想像に難くない。それが影響しているかどうかは別として、小林は自校の指導だけではなく、東京都やナショナルチームの強化など、確実にステージを上げた。陸上競技マガジンの投擲指導の連載ページを預かるようにもなった。今後も優れた仕事をし、どんな重責をもまっとうするであろう。

ただ「森千夏を育てた指導者」となると話は別だ、そうじゃないんだ。小林の中ではどこか違和感がつきまとっていたのではないかと高成はいう。俺がこういうふうにしたって思ってないから。はっきり聞いたことはないが、小林との対話で高成は何度かそう感じたことがある。

俺じゃない。千夏が頑張ったんだ。

だが、森に対する小林の思いを知る高成には、複雑な心境が胸をよぎっていく。

大学進学時は高校に戻りたいとぼやいていたが、その言葉がフェードアウトし、いつしか日本記録をものにして、競技力では小林隆雄の範疇から抜け出した。そのとき、彼は指導者の目線ではなくなった。家庭からの仕送りでは不足しがちなとき、森はまず小林に相談した。競技生活を優先させるには、森千夏の生活サイクルにアルバイトを挟むことは難しい。一方の小林は、大学関係者をはじめ交わりあう人間関係に神経をつかった。迂闊なサポートが裏目となり、森の居心地が悪くなるといけないからだ。

森は選手時代、大学や社会人の指導者、関係者にも大会での結果報告を怠らなかった。それは概して、大会結果や試合など投擲に関することに留まることがほとんどであった。世の指導者は選手の成功を心から願っているのはいうまでもないが、得てしてプライドも介在する。見方を変えるならば、選手は指導者にとって実績づくりの道具ともなり得る。陸上競技に生きる縦社会の中で、報告はもはや義務である場合も少なくない。森がどうであったのか、それはわからない。

だが、各所への連絡に先立ち、まず一報を小林のところへ入れる。そのことはずっと変わらず最後まで続いた。他愛もないことから親に言えないことまで。試合以外では、お金や恋愛に至るまで何でも話していた。ある意味シビアで触れにくい話題を高成はこう結論付ける。

「それが答えだと思うんです」

人は誰でも自分を理解してくれる人に目線を向ける。

好きな砲丸と、それを借りものにした自分の変化をずっと見ていてほしいと、知らず知らずのうちにそう願っていたのだろうか。森千夏はやはり、思い描いた構想が大きく広がりつつあった一つの「物語」の中を、ずっと生きていたように私は思う。

小林は今でも、江戸川区江戸川の妙光寺に眠る森の墓前に足を運ぶ。インターハイ出発前と帰着後の報告も欠かしたことはない。

第7章　憧憬

1

フェンスの金網に指をかけた中学生が瞬きを忘れている。野球少年が、憧れた選手を初めて間近で見るようでもある。名前は鈴木梨枝。この埼玉国体女子砲丸投少年Bにエントリーした選手だった。

アップから、森はダッシュを繰り返していた。オリンピック選手のダッシュは想像以上の迫力があり、逆三角の筋肉はウエア上からでもわかる。

「こんなチャンスないから、ずっとウォーミングアップを見ていました。小林先生においでって言われて、近くに入れさせてもらって。私、シャイなんでそんなに喋りかけられないんですけど、どうしても話したくて、『サインお願いします』って言ったらすっごい優しい顔で『いいよ』って。国体のジャージにしてもらいました」

試合前はナーバスになり、話しかけると嫌な顔をする選手もいる。世間との折り合いが苦手な人間も意外と少なくない。自分の素質を伸ばし、長い歳月をかけて研鑽を続ける努力はやがて過剰な自意識ともなり得る。森千夏の人となりに触れた一瞬にして鈴木はほだされ、目指すべき選手となった。

鈴木梨枝は一九九〇年二月十四日、栃木県に生まれた。父親は柔道を指導する高校教師だった。中学では野球か柔道を望んだが、野球は男子の世界、柔道は部活がなかった。部活加入は中学生にとって重要な「友達づくり」の場でもある。妥協案で陸上にしたものの、走ることは苦手だし、そもそも陸上競技に興味などなかった。

顧問の大沢伸幸から『月刊陸上』という専門誌で毎月勉強するように言われた。同年代の選手も載っているので自分の位置もわかるという。その専門誌が近郊の書店になく購入できなかったら大変な目にあう。「なぜ購入できなかったのか」について職員室で一時間を超える説教を受けることになるのだ。だが、直情的で裏表のない大沢の性格はわかりやすく、その言動が非難されることはなかった。厳しい反面とても誉め上手で、生徒を乗せるのが上手い指導者だった。

大沢が『月刊陸上』のページを指し「こいつは凄い！」と何かを絶賛していた。初めて知った「森千夏」という選手は雑誌の中で目を引いた。それは砲丸投に心が動き始めていた時期と重なる。最初の大会で5m程度だったものの、いつしか魂ごと搦《から》め捕られていった。

やり投と円盤投は滞空の爽快さがある。砲丸はただドスッと、またはボンッとあっけなく落ちるし、そもそも飛行する形をしてはいない。前者は「飛ぶものをどこまで飛ばすか」であり、後者は「飛ばないものをどうやって放り投げるか」といったところだろうか。だが、距離の長短ではない。短くてもその距離をいかに伸ばすかというところに、難しさとやりがいの二律背反があるという。

砲丸投の競技者は誰しも、もっと遠くへ投げたいと願う。鈴木は、それを誰よりも早く成就できる才能を秘めた人間だった。やがて、三十七年以上更新されなかった最古の中学記録を塗り替えてしまう。それまでの記録は一九六七年、第三章に登場した林香代子の持つ16m16。鈴木は25センチ更新の16m41をマークする。

高校進学。志望校は迷うことなく東京高校だが、父に説得されるのは予想していた。栃木県で高体連に携わる父の立場も理解できる。国体は県ごとの勝敗があり、実績のある選手はなるべく地元に留めておきたいという思いは必然だった。

勧められるまま地元の女子高に進学するも、聞いていたことと現実との落差に苦しむことになる。陸上だけやればいいと言われた話とは違い、実際は勉強とテストの日々が待ち受ける進学校だった。勉強が深夜に及ぶこともあり、翌日学校でテスト。やがて陸上どころではなくなっていった。さらに女だけの世界は自分の性格に合わなかった。高校を休み、そのうち中学のグラウンドで練習するようになった。

大沢はそんな鈴木を責めるでもなく、なだめもしない。ただ、意見を簡潔に伝えた。

「女子高に戻るなら今から勉強しに帰れ。東京高校に行くなら練習していい」

不登校の娘に頭を抱えていた父は、袋小路に一つしかない解決策を示してくれた。

九月に編入するも、今度はそこの陸上部に慣れることができなかった。春からの歳月ですでに形成されたそれぞれの居場所に踏み込むには、内気な性格が邪魔をした。

打ち解けるまで時間はかかりそうだったが、自分が選んだ道なので後戻りできないことくらいわかっていた。辞められない、逃げられない。住まいは横浜の親戚宅だったが、二年のインターハイ後、栃木の実家から新幹線で二時間かけて通うようになる。鈴木が部内に馴染めず傷心していることは小林隆雄も気がかりだった。しかし実家に戻ったことでそれなりのペースはつかみはじめた。

ところで、東京高校編入のまさにその頃、森はすでに手術後の病床にあった。

鈴木が大沢先生と撮った最初で最後の一枚。中学ラストの大会で

2

鈴木梨枝は二年でインターハイ四位入賞。小林はその賞状を持って、危篤となっていた森に報告した。

八月九日。鈴木はインターハイ後の休養として親の郷里である長野にいた。朝八時過ぎ、携帯電話が鳴った。携帯の受話口から小林の声がした。

「最期だから」

「――――」

「会いたいだろうから、来れるか」

木曽福島駅から特急を乗り継ぎ東京の病院へと急ぐ。「私は絶対復活するから」と言った森と、「最期」という小林の言葉が行き交う。腕時計の数字がなかなか進まなかった。

病室に森の姿はなく、別のところに移されたと言われた。高校生の鈴木にその意味を悟ることは難しく、ひょっとしたら回復したのかと一瞬思った。その部屋は何ですかと聞いた。誰かの返答で初めて事の真相を知る。駆けつけた人々を飲みこんだ廊下の全てが生気をなくしていた。肉が削げ落ちた森はカラフルに彩られた花々に埋もれて霊安室に安置されていた。いつもの雰囲気とは違う、やつれた小林を見つけて現実と符合し、涙が溢れてきた。

森と別れを告げた日から、最初に巡ってきた大会は兵庫国体だった。

種目は高校二、三年で括られる少年共通女子砲丸投。インターハイ四位の実績とはいえ、二年の鈴木がそこから優勝をさらうことは成算が少ない。

しかし、不思議と負ける気がしなかった。

小林にもらった森の写真をバッグから取り出し、ベンチにそっと置く。ほんのり湿り気を帯びた空気が肌寒い。サークルに入る前、薄曇りの空を見上げた。

「見ててください」

投げることへの感謝を込めてそう思った。だが、そのことを考えすぎると込み上げて競技にならないので、ひとまず感情を抑えることに努めた。

約二か月前のインターハイは、佐藤明美（拓北）、大谷優貴乃（添上）、佐藤あずさ（帯広農）、鈴木という順位だった。大谷と鈴木は二年、「佐藤」という同性の二人はそれぞれ三年だ。佐藤明美は国体予選で同じ北海道の佐藤あずさに敗れたため、本大会出場を逃していた。

国体の決勝ラウンド。予選の結果から、決勝の試技順は大谷が五番目、続いて鈴木、佐藤、蛭田伶菜（小野）の順となった。三年の蛭田は、鈴木の見知らぬ選手だった。

その決勝ラウンドは意外な展開をみせる。一投目に鈴木が13ｍ76でトップに立つものの、三投目に蛭田が13ｍ90。ここまでの結果で試技順が入れ替わる。

四投目、佐藤あずさが13ｍ91、鈴木も同じく13ｍ91で並び、セカンド記録で上回る鈴木が再びトップに立つ。インターハイの記録が13ｍ93だったことを考えると、鈴木はほぼベストに近いパフォーマンスだった。

調子はあまり良くなかった。むしろ絶不調でサークルに立っていたといってもいい。練習では14ｍどころか13mのラインにすら届かなかった。そういう点でもここまでよく健闘していた。

ところが、五投目に大谷が想定外の記録を出す。大会新となる14m30。

大谷は鈴木と同い年で、中学から続く宿命のライバルだった。全中では優勝した鈴木に次ぐ二位の成績を上げている。大谷とは練習投擲から試合まで鋭い視線がぶつかり合うこともあった。

なぜか、このときだけは大谷を見ていなかった。

鈴木梨枝がここからさらに大谷を凌ぐことは不可能に思われた。鈴木は14m台を投げたことが一度もなく五投目も13m88。でも、負ける気はしなかったという。森がずっと付いてくれている気がした。いけるぞ、どこかで背中を押されている、そんな気もした。それは「不安」という壁がまだ遠くにあった中学時代の感覚と少しだけ似ていたのかもしれない。

「負けるとか、ヤバイとか思わなかったです。写真を見てから行くんですよ。大谷が投げ終わった後に、森さんの写真見て『行ける』と思ったんです」

写真は画面からはみ出るほどの「顔面どアップ写真」。いわゆるお調子者の「狙った」一枚だが、リラックスするには最適ではある。ずっと木製フレームに入れていたが、持ち運び用としてプラスチックケースに入れ替えていた。

自分の意志というものが「砲丸投」に動いたとき、この人がいてくれた。

大谷優貴乃の最終投擲は13m42。試技の最中は気持ちを切り替え、無心で立っていたサークル。だが最終投擲に向かうとき、鈴木はなぜか森のことしか頭になかった。

六投目について、少し長い沈黙のあと鈴木はこんなふうに語った。

「覚えてないんですよね、その一投だけ。飛んだという感触もないし。ただ何か、終わった瞬間にメチャクチャ吠えてた。そしたら飛んでました。私シャイなんで『ヨッシャ』みたいなのはあまり表現しないんです。初めてです、そういうことがあったのは」

投げているときはいつも眼を開いていない。投げ終わったときに初めて視線を向けるのだが、その鉄球が14mラインをかなり越えたので、一瞬ラインを間違えたと思った。記録が耳に届いたとき、コントロールをなくして再び叫んでいた。それは想像したこともない自分の姿だった。

大谷優貴乃を10センチ超える大会新記録。夏のインターハイで佐藤明美の出した優勝記録をも凌いでいた。いつのまにか、上空には虹の橋がかかっていた。

3

どんなことでも、それを語る人の言葉によってその色調は変化する。鈴木は、弾けるような若さに付随する軽快さと、この年代特有ともいえる憂いをどこか併せ持っている。鈴木も森と同じく、またはそれ以上の何かを精一杯に背負ってきた選手なのだろう。高二の国体で出した奇跡ともいえる14m40は、森千夏の高校二年記録を上回るものだった。

しかし、これが高校でのベストとなる。

人混みの中、栃木から東京まで移動する通学の疲れ。慢性的なケガや腰痛。高校最後のインターハイは予選ラウンドで通過記録を超えられず、プラスで拾われるという薄氷を踏む試合だった。決勝ではどうにか三位に収まった。

私にできないはずはない。中学時代はそんな万能感さえあった。だが、そんなふうに思えない経験を高校で味わった。中学歴代最高の選手が苦しまずにいるには、ずっと最高のままでいなければならないのだろうか。

進路は迷った。まだ競技は続けたいが、学業への意欲はどうしても持てない。国士舘大学は、最終的に高校の記録で鈴木を上回る大谷を取った。鈴木にも声が掛かりはしたが、何より国士大は大谷を一番に選んだという、意地とプライドが許さなかった。

そんな折、小林から勧められたのが福岡県の九州情報大である。陸上部監督（当時）の野口安忠とは以前から面識もあった。だが、話を聞きつけた先輩からは心配の声も上がる。鈴木が果たして、ハードトレーニングに名を馳せる野口の練習メニューについていけるのか。

まだ現役に近い野口が考案する練習は、噂に違わぬものだった。ウイットに富んだメニューを野口自身がやっているのを見て、さすがに日本記録を投げているだけのことはあると素直に感心した。

ウエイトには「無限」という恐ろしい設定があった。自重《じじゅう》、つまり自分の体重から割り出して設定した重量で追い込み、潰れたら重量を落とす。できなくなるまでやり、また落とす。それを三人ペアでやっていくと、四時間以上かかることもある。階段でのトレーニングも凄まじかった。走って駆け上がる、グライドを意識したもの、股を開いたもの、各種ジャンプ、片足ケンケン。本数を数える余裕がないほど筋力を使い、最後は最上階までダッシュで追い込む。

だが、鈴木梨枝の記録は停滞したままだった。中学歴代最高を叩きだしたあの頃は、どこまでも行ける気がした。一般女子砲丸投（四キロ）における中学記録もつくった。しかし、高校二年の国体でマークした奇跡の14m40を大学二年まで超えられなかった。

センスがないのかな。自問自答を繰り返す日々に教えられる現実。競技力が頭打ちとなった澱みの中で、スムーズに行かないことを痛感する。

森さんと何が違うんだろう。何度も、何度も自分に問いかけた。

不安と向き合い続けてきた、落ち込むタイプの自分。「三度の飯より陸上が好き」という感じで周囲を笑顔にする森千夏とは対照的な自分がそこにいた。一人暮らしの部屋に飾った写真がこちらを見ていた。上手くいかないときはつい問いかけてしまう。

「どうしたらいいですか」

試合でも写真を手放すことはなかった。感謝の言葉とともに、それでもピットに立ち続けた。

人の死という悲哀に、何かを固く誓い、深く想う。物事をなしていく上で、それは堅強なエネルギーとなり続けるような気がする。しかし、実際そうならないケースが多いのは何故だろう。

「死」という喪失感。人を喪ったその悲しみや感傷は、果たして反動のエネルギーとなり得るのだろうか。一緒にいるはずの人間がある日を境にふと此岸から彼岸へと旅立ってしまう。人はそのとき、悲しみの土気を維持し続けることが果たしてできるのだろうか。本当は「存在」でなければ動き続けることができないのかもしれない。人は人がいるから動き続けていられる。

全盛期の森千夏がピットに立っていた頃、豊永陽子や市岡寿実とともに女子砲丸投がハイレベルな争いを繰り広げた。豊永も市岡も、森が病臥《びょうが》してのち記録は1ミリたりとも伸びていない。共鳴するライバルの存在はやはり大きな影響があると鈴木はいう。

「私も、大谷がいなかったらあそこまでできなかった。もう試合中は睨《にら》むくらいしてたんで。そういう存在がいないとやはり燃えないですね」

森の逝去から二年後、大沢伸幸に会ったとき、森と同じようにガリガリに痩せこけていた。熱が下がらないから痩せてるんだと話していた。自分の体調のことなど絶対に言わない人だった。西日本インカレで京都にいるとき大沢から連絡がきた。あれだけ気丈《きじょう》だった熱血漢ではなかった。鈴木梨枝が中二のとき大沢は盲腸だったらしいが、関東大会と重なったため、つっぱねてすぐに施術しなかった。しかし、遠くから見るとずっと耐えているのがわかった。その無理が遠因となった可能性も否定できない。

「俺もうダメだ――お前がんばれよ」

電話ごしに大沢はそう言ったが、何故ダメなのか鈴木にはわからなかった。

気になるので母に電話すると、余命幾ばくもない危険な状態であると知らされた。知らないのは鈴木だけだった。もし話したら途方もない落ち込み方をするのはわかっている。鈴木の性格を知り尽くしてのことで、自分にだけ伝えなかったことが大沢らしくはあった。三か月後、大沢伸幸は四十二年の生涯を閉じる。

鈴木梨枝の投擲。森千夏を追いかけ、競技を続けた

奇しくも森と同じく、非常に稀とされる虫垂がんだった。

「自分が不思議に思うのは、薄れてくるじゃないですか、やっぱり。森さんが亡くなったときも、先生が亡くなったときもずっと泣いてました。練習中も。忘れたくないから先生のお墓には毎回行ってるんです。やっぱり薄れて欲しくないですし。でも薄れてくるのかな、とは思うんですよね」

鈴木の目標は、追いかけていたものは、あのときサインをしてくれた森千夏そのものだった。中学からずっと憧れていた。できることなら一緒に試合がしたかったと思い続けていた。国体や日本選手権は何度も経験したが、森と同じピットに立つことはついに一度もなかった。

「私が目指しているのは、表面上の記録じゃないんですよね。人間性の面でも森さんを目指していたので。砲丸投の日本一とかじゃなくて、プラス森さんみたいに中身の日本一。感謝できたり、挨拶とかもできたり」

そんな鈴木がふと、森千夏に出会える場所がある。

日本選手権や日本グランプリでは「日本記録」を示すラインが設けられる。メートル刻みで12、13、14と白いラインが引いてある先に「18m22」が示されているのだ。

鈴木梨枝は試合で、そのラインしか見ないという。見るたびに凄すぎて、感激したり、神業だと思ったりする。そこにある赤いラインは幾度も自分をピットに踏み留めてくれた。

砲丸投をもう辞めたいと思いはじめたのはいつだろう。その思いが断続的に脈打ち、インカレは逃げ出したいとさえ思った。プレッシャーだけの投擲で最後は13m台しか飛ばなかった。

本当に砲丸投をやりたかったのかな。

燃え尽きているところを感じつつ、それでも学生生活を打ち切ることはなかった。

何よりも誰よりも遠くへ飛ばしたいという、あれほど無垢だった気持ちは消え失せ、期待を裏切ってはいけない、期待に応えなくてはいけないと、いつしかそのためにやっているような気さえした。

女子砲丸投中学記録を破ったのは、森と出会った国体から五か月後のこと。森千夏という「夢のカタチ」に触れ、魔法の箱のごとき「中学陸上界の課題」を37年ぶりに解いた。

自意識と現実の落差にゆれ、影響を受けやすい「中学三年」という年代にいたとき、鈴木梨枝はそういう経験をしたのだと、私はそんなことを少し考えてみた。

人がスポーツを始めたとき、結果には差がうまれる。ある意味、できてしまったばかりに次の世代を託され、期待とともにずっとそこに居続けることになる。「夢のカタチ」だったものが忽然と目の前からいなくなった鈴木には、森の遺志までもが、重くのしかかっていたのだろうか。

九州での学生生活、いや、競技生活を振り返り、後悔がないといったら嘘になる。だが社会人となってまでこの世界に身を置くつもりはなかった。

見切りをつけるには決断がいる。恩師の小林にけじめのメールを送ろうとした。電話をする勇気はなかった。小林には合わせる顔がない。声を聞いてしまうと謝罪の言葉しかきっと浮かばない。失礼だと思いながら小林のメールアドレスをさがした。

振り返ると妙な巡りあわせだった。高校進学のとき、突き進もうとする心と身体は止めることができなかった。東京高校の見学。見たらきっと行きたくなるからという矛盾を抱え、父の運転するデリカで栃木からやってきた。事情を知る小林隆雄が声をかける。

「うちの高校入ろうよ」

ここに進まないことは自分でもわかっていた。わかっていながら鈴木は小林に尋ねた。

「森さんと試合できますか」

気風のいい小林の言葉で、これまでどれだけ救われたことだろう。可能性を求め大学でも競技を続けられたこと。いつのときも小林は競技のつづきを指南してくれた。だが、今度ばかりは継続を望む気持ちはないのだ。小林への連絡をためらわせているのはその点だった。

〈相談したいことがあるんですけど〉

それから鈴木は思いの丈を切々と打ち込んだ。国体が終わって、やる気が、一番大切なやる気が出てこない。しかし、親や周囲にもきっと悲しい思いをさせる。そう考えると何も言えなくなるという、そんな内容だった。「辞めたい」という言葉は最後まで使えなかった。〈一旦休ませてもらって〉と濁すので精一杯だった。今後は保育士の道に進みたいこと、ついては地元栃木の短大へ進みたいということを打ち込んで送信した。

返信がきた。競技を離れたいんじゃないかという内容だった。小林隆雄はもう全てをわかっていた。

〈一、二年離れてまた砲丸したくなったらすればいいよ。目標は違えど、お前がやることに対して、その目標を達成することに周りは応援してくれるし、俺も応援するし〉

そんなメールだった。

4

「このままどうなるのかな。生きていけるのかなって状態でしたね」

三・一一。その日は高校入試翌々日であり、校舎に生徒はいなかった。業務を早めに切り上げ、仙台の自宅へと車を走らせる。信号の点いていない交差点に戸惑いつつ、ハンドルを握る。沿岸部の事態など、このとき知る由もない。二日前の入試当日にも震度四の揺れがあり、見知らぬ受験生たちが沢山いて心配だったが、あれは余震だったのだ。

一時間半の道のりを、四時間かけて帰宅。どっぷりと日も暮れ、電気、ガス、水道は全てストップしている。ラジオから、信じ難い報道が耳に飛び込んでくる。沿岸部で二〇〇から三〇〇の遺体が確認されたと。

スタンドのガソリンが底をつき、しばらく自宅待機となった。入試会議が行われる関係で久しぶりに学校へ行くと、校舎は避難所、体育館は遺体の安置所となっていた。

野田ともみが当時勤めていた東松島高校は、生徒の多くが沿岸部に暮らしていた。被害者に、犠牲となった生徒が三人いると聞かされた。卒業を目前にした三年生一人、一年生二人。全員沿岸部の生徒たちだった。

「友達と連絡が取れない」

ある三年の生徒から連絡を受けていた。いろいろなことが頭を駆け巡る。大丈夫、きっと連絡が取れるからと答えていたが、不安が現実のものとなる。数ある東松島市の遺体安置所のうち、彼女が運ばれてきたのは母校だった。

間違いであってほしいと何度も願った。家族がすでに確認していた。

会いに体育館へ行こうと教師仲間に誘われたが、行く気にはなれなかった。

「私はいいです」

ただそう言うのが精一杯だった。校舎は命ある人、体育館には命を失った人。人生における余りにも大きな明暗が校内を支配していた。刻々と時間が経過する。私は会えない、会いたくない。でもこのまま逃げてばかりもいられない。

心を一つひとつ整理してみる。やはり最後だから会っておこう、そう思い直す。一人で会いに行くことのためらいと怖れを仕舞いこむ。できるだけ探さないよう、安置されている場所を詳しく聞く。

多くの遺体が並ぶ体育館。奥から何人目と言われていたそのビニールシートを開ける。

違う人だった。

二人目を開けると、彼女が眠っていた。

それは、野田が受け持っている体育の授業で、いつも彼女が集合している場所だった。早い段階で発見されたこともあり、顔に少し傷がある程度で大きな損傷はなかった。数日前まで同じ場所に笑顔で並んでいた生徒。その事実はあまりにもショックだった。

あれだけの災害だから、誰にも被害がないわけがないと思っていた。しかし、実際こうなってみると、その空虚は想像を超えた。広い体育館に居並ぶビニールシートの中で、ここに置かれたのはもちろん偶然に過ぎないかもしれない。それとも彼女が選んでくれたのであろうか。

三月の冷気が体育館を包みこんでいた。

5

野田と待ち合わせたのは仙台駅の改札口だった。もみの木を模した巨大なツリーが、クリスマスイブであることを物語っていた。冬の季節らしくモノトーンの服装をした待ち人たちの中に、柳眉にして切れ長の目がこちらを見ていた。

一九八三年十二月二十五日生まれ。学生、社会人を通して宮城を出たことはない。

高校は地元の東北高校へと進学。東北高校は上野塾が経営し、森千夏の母校である東京高校と姉妹校にあたる。指導者の渋谷武彦や、投擲の先輩でもある加藤由紀子とは入学以前より県強化合宿で顔を合わせることが多く、同校の練習環境や雰囲気を肌で感じる機会に恵まれていたという。

中学時代から野田が常に後塵を拝してきた後藤美穂も同じ東北高校へ進学した。

一年目の高校総体。東北大会の女子砲丸投では一位加藤、三位後藤、六位野田と三人揃い踏みでインターハイへ進む。加藤はインターハイでも決勝ラウンドへ駒を進めたが、一年生の二人は予選落ちに終わる。この年のベストは後藤が12m37、野田が11m93だった。

野田ともみを取材対象とした理由はいくつかある。まず東京高校の小林から、とてもしっかりした好人物だと聞いていた。だが一番の理由は「インターハイ優勝」にあった。森が優勝した一九九八年になるべく近い年代をリサーチしていく途中で、野田とアポイントが取れた。初めのうち私は、野田の優勝が二〇〇〇年であることから森の二学年下だと思っていた。高校時代に及ぶ森との接点を期待したのだが、話を聞いていくと、森とは三学年違い、高校は入れ替わりなのだという。つまり野田は、高校二年にして全国優勝していたのだった。

二年の夏、野田はブレークした。東北大会予選の宮城県大会では13m39の県高校新を叩き出し、円盤投でも優勝。前年の国体少年Bで砲丸投三位と大きく離されていた後藤を目標に、著しい躍進を遂げ、東北大会も勝ち抜き、リスト三位で本大会に臨んだ。

伸び盛りで勢いに乗る野田は、一六五センチ、七六キロと身体もひと回り大きく成長していた。午前の予選ラウンドは13m53と全体のトップで通過。予選を通過した十二人で争われる決勝は波に乗れなかった。二本目終了時でベスト8に入っていなかったのである。ルール上、三投終わった時点で下位の四人が脱落していくため、かなり追い込まれた状態だった。だが、勢いとは怖いもの。時を待たずして、前向きで楽天的な心境に切り替わったという。とにかく、ベスト8に残れなくても思い切って投げようと。ひたいの鉢巻はテントで靴を履きかえるとき、ピッと結んだ。

砲丸はオーソドックスなタイプを好む。まず真鍮製を選択肢から外し、スリーサイズある鉄球の真ん中のサイズを選ぶ。投擲会場にはいつも、五個くらいの自分サイズの砲丸が並んでいる。

野田はそれらの砲丸を、ちょこちょこと指先で一通り触ってみるという、不思議な癖を持っている。その儀式はいつからなのか思い出せない。砲丸を手に持ったりはしないのだが、そうやって触り心地を確かめるのだ。その習癖を不可解に思う人によく聞かれる。

「あれ何やってんの？」

炭酸マグネシウム、いわゆる炭マグはあまり好まない。

右掌に砲丸。軽く息を吸い込む。野田のナンバーカード「131」がコールされる。息を吐き、呼吸を整え、「よし！」とスイッチを入れてサークルへ入る。足止め材のところで投擲方向に目をやるが、何かを考えているのではない。考えると思うように動けなくなる。だから考えないように努める。中学まではサークルに入るとすぐに構えて投げていた。高校生になってチームメートの後藤を観察していると、一旦サークルで落ち着いている。いつしかそれを真似るようになった。

投擲方向を背に、構える。グライドは得意なほうではないが、地面を蹴らず自然な重心移動をしていく。短距離を経験している野田のグライドにはスピードがある。中学では元々俊足を買われて陸上部にスカウトされたのだ。

スローイングから弾けるようなリバースはしない。足を踏み換えるくらいはするが、できるだけ長く地面に接地してパーンと押し出すイメージで砲丸を空中に放り上げていく。

放った三投目がグンと伸びて13m後半の位置に落下していく。脱落を免れたのは間違いないが、とりあえず計測を待つ。

記録13m75。脱落組から一転してトップに躍り出たのだった。同時にそれは四投目以降の最終投擲者になることを意味していた。

試技が進む。やがて六投目で前投擲者である清水里与（高崎経済大附）を迎えるまで、一位をキープしている状況が野田には信じられなかった。

「前の選手が投げるまで、え？　マジ？って感じで。その選手が届かなかったとき、本当は喜びたいんですけど、それはやってはいけないと思って、とりあえず平常心で投げるぞって」

結局、野田が放った三投目の記録を超える選手が最後まで現れなかったため、優勝が自動的に転がり込んできた。後藤美穂は四位だった。

インターハイ優勝の瞬間は、信じがたい喜悦の中に複雑な心境が混ざり合っていたという。

私みたいなのが勝っていいのかな。自分より長くやっている人もいるだろうし、上級生だって沢山いる。そんなふうに冷静に考える自分がいた。

勝利を決めた一投はフロックではないのかと、その試合内容から心ない囁きも聞こえた。秋の国体で13m65を投げ優勝を果たし、実力を証明したはずだった。日本ジュニアでは後藤が13m49で一位、野田は13m26と東北高校コンビがワンツーを独占。だが、ビッグタイトルの獲得に反して、いずれも13m台優勝という、高校女子砲丸投の低迷を批判する声を耳にすることもあった。

野田にとっては、優勝したインターハイの記録が高校のベスト記録となる。

高二で駆け抜けたインターハイと国体は、高校時代の野田が最も輝いたときだった。高校二冠から次の一年間は塗炭《とたん》の苦しみを味わうことになる。低迷した原因の一つに、各関係者による技術指導の過多を消化できなかったことが挙げられる。

実績を残すと「こうしたほうがいいんじゃない」「これをやってみたら」と多くの指導者が声をかけてくる。高校生の頃は今に輪をかけて素直な性格だった野田は、それを無碍《むげ》に受け流すことができずにいた。自分の中でじっくりと理解されないまま積み重なる技術面の課題。消化不良の集積はやがて競技成績に現れるようになる。人の話を受け流すことを知らなかった性格も、大人になって少しはできるように変わってきた。どちらかというと低めの声質で、質問を深く受け止め、一つひとつ丁寧な言葉で答える。

成績が上向かなくとも、後藤とのライバル関係は続いた。そこだけは負けず嫌いの気性が揺らぐことはなかった。少し気を抜くと瞬く間に追い越されてしまう。二人は、拮抗した天秤の上にいた。

後藤とは授業のカリキュラムが別々で、普通コースの野田には、スポーツコースを選択した後藤よりも多くの授業が待っていた。だが、それを理由に負けるわけにはいかない。もし後藤がいなかったとしたら、高二で二冠を達成したときにもう満足していたのかもしれないという。

高校時代は後藤とのライバル関係と、部活動としての徹底された管理で成り立っていた。風邪を引くと「自己管理がなってない」と監督の渋谷から檄が飛ぶので、咳を止めるので必死だったという。

高三の熊本インターハイは十位と入賞を逃す。14mジャストの好記録で優勝したのは後藤美穂だった。熊谷江里加（今治明徳）が後藤と同記録だったが、セカンド記録で上回り栄冠を手にした。後藤は宮城国体でも自己記録を大きく更新する14m48で優勝し、地元の声援に応えた。

別の表題として書き記したいほど、野田の競技生活は、後藤とのライバル関係に尽きる。同じチームメートがインターハイ・国体と同一種目で二年連続優勝するのだから、感情の起伏はいかほどのものか。

余談ではあるが、東北六県における女子砲丸投インターハイ優勝者は過去に四人しかいない。東北高校の野田と後藤が連続して頂点に立ったが、他には第四章に登場した高田高校の松田靖子、福岡高校の小保内聖子というオリンピック出場の両者である。身近な競争相手は若きアスリートにとって後押しになるという好例でもある。

6

「森千夏さんを初めてご覧になったのは」

そう質問を向けた。高校二年のとき、関東インカレを見学したのが最初だという。後藤のほか後輩一人を伴い早朝の仙台駅から東北新幹線で横浜へと向かった。野田は、インカレよりも森千夏その人を見てみたかった。専門誌で顔は知っている。完成間もない横浜国際総合陸上競技場（日産スタジアム）の近代的な造りに圧倒されつつ砲丸投のピットを探した。

「砲丸投やってるとこ見たら『いた！』みたいな。もう既にいましたね。森さんを見に行ったので一瞬でわかりました。あの人だって。衝撃でしたね。『スゲー！』それしか思わなかったです。出してるつもりはないと思うんですがオーラもあったし、名前も有名だったし、私たちも凄い人だと思って行くので。大きい感じはしますね。黒くてデカくて。髪の毛、そのときソバージュかかってたのかな。灼けてたのもあったと思いますけど、褐色な感じで。森さんは雄叫びを上げながら投げるんですけど、高校生じゃ、当たり前ですけど見たことない。そして飛ぶし、動きも速いし。大きいのに速い」

高校卒業直前の二月、野田は室内ジュニアに出場し13m52で優勝。それは高校二年以来久々の全国タイトルでもあった。

仙台大学へ進んだ二〇〇二年の東北インカレで14m44と躍進と遂げる。高校三年の競技成績が振るわなかったことで自分なりにルーティーンを考えた。大学に入り、試合の習慣を少し変えた。

競技場内の召集から公式練習までの間。砲丸の落下する側よりサークルを眺める。15mあたりからサークルを見て「近い」と感じたらその日は調子が良く、不思議と目標にせまる記録が出たりする。

日本インカレでは一年生にして三位と健闘。記録は13m89だった。このとき16m61で優勝したのが、国士舘大四年の森千夏である。二位には、森が高一の国体で優勝をうばった相手でもある平戸安紀子（筑波大）が入った。後藤美穂は国士舘大へ進んでいたが、同じ大学から二人までという規定から外れたため出場していない。

翌二〇〇三年の同日本インカレでは、大学二年となった野田と後藤が顔を合わせ、一位二位を独占。激しい優勝争いは、野田が五投目まで14m31でリードしていた。このとき野田は、次の六投目には必ず後藤が来ると予感していたという。それが的中し、後藤は14m34と3センチ差で野田を逆転、優勝をさらった。

砲丸投という力技のスポーツに身を置きながらも女性らしさにこだわりを持つ選手は多い。松田靖子、小保内聖子、林香代子——当然といえば当然かもしれないが、これは今回取材をした往年の選手たちから受けた印象でもある。

野田自身も、短髪にしたことが一度もない。きっと似合わないと思うし、タダでさえ女性的な部分が少ない競技でありながら、見た目もそっちへいってはいけないと、心のどこかがセーブしている。

「髪の毛の長い方と短い方でわかる。あなたは長い方ね。何で切らないの」

ある大会で森千夏に話しかけられた。専門誌に「巻き起こせ、東北旋風」と題して後藤と二人で紹介された記事とフォトグラフを見たらしい。野田は高校三年の秋頃から幾度か、森千夏と大会で一緒になる機会に恵まれている。

「似合わないんです。女の子っぽいところを残しておきたいんです」

「わかる！」

森さんもそういうふうに考えてるんだ。同じだと思うと急に嬉しくなった。試合に行くたび、森は何かにつけ野田に話しかけてきたという。

「見てて思ったんだけど」

左脚が開いている。さりげなく技術的なアドバイスを一言くれる。その後に森は「いらないと思ったら、いいからね」と付け加えることを忘れない。

そうこうするうちに、森千夏の投げのイメージで自分の投擲技術を磨くようになった。しかし、どんなにイメージしたところで、彼女が残した記録を見ると絶対無理だと溜息が出る。

森が驚異的な記録の伸びでさらにその偉大さを増したとき、同じピットに立ちながらも、多くの選手が、どこか自分とはかけ離れた別次元の存在に映っていたのではないか。

野田もやはり、何かを大きく変えないと無理だという。自分で考えて、さらに、今までやってきたことをひっくり返すようなことをやっていかないとできない。だが、大人になって大きく伸ばす難しさもあるという。

「森さんと話してると、砲丸投が凄い好きなんですね。砲丸の話題で盛り上がるみたいな。やっぱり素直で柔軟なのかなって思いました。ある程度、キャリアっていうか、自分の型ってできてくるし、それを崩せないじゃないですか。仕事しててもそうだと思うんですけど、長ければ長くなるほど、自分はこうだって思いが強くて、他からいろんな情報が入ってきても、今までやってきて良かったものを崩してまで、新しいものを取り入れようとはしないと思うんです。素直に受け入れればできそうな気はするんですけど、そこまで踏み込めない。森さんはそうではないと感じました」

それはつまり、攻めより守りに入っているからではないかと野田ともみは言う。ある程度の実績を残し、自分のスローイングが出来上がっているとする。現状維持で上手くいっているのに、新しいものを入れて良くなるかどうかもわからない。一から始めて完成しないうちは試合にも出られない。そして「世界」に視点を向けると、そこは見上げるほどに高くそびえるため、チャレンジの対象とはならず、無意識のうちに冒険する必要性は薄らいでいく。

「硬いんですよね、多分。そういうところが森さんにはないんだと思います。森さんなりに取捨選択はしてると思いますけど『砲丸やるためだったら』みたいなものがあるんじゃないかなと。人と同じことやってたら勝てないっていうのはわかってると思うんですけど、みんなそれが行動に移せるかというと。それを実行して成功した人が一流なのかな。日本の中でやってるだけだと、ある程度のところで止まってしまいます」

森千夏は既存の環境を打ち破り、女子砲丸投を高みへと押し上げた。進取の気性に富んだ森が中国で急成長をした同じ時期に、国内を拠点に活動していたはずの選手たちの記録も底上げされている。現在（二〇一七年）の日本歴代女子砲丸投トップ３は全て二〇〇四年に樹立されたものである。一位は森、二位は17ｍ57で豊永陽子、三位は16ｍ79の市岡寿実。

このことを解読、いや読み解くまでもなく、豊永と市岡は森に感化されることで一時代をつくり上げたとするのが、一番わかりやすい見方であろう。

絶対的な存在。「あんなふうに成りたい」という対象がいることはやはり大きい。森の時代以降、女子砲丸投は低迷、正しくは元のレベルに戻ったとみることもできる。

「そういう存在がいないわけじゃないですけど」

野田は少しためらい、言葉を選び直して続ける。

「やはり18ｍ22ってすごいじゃないですか。たぶん彼女に憧れて始めた人っていますよね。私は世代的に三つしか離れてないので（始めるきっかけとしては）そういう感じじゃなかったんですけど、森さんに憧れて始めた人もいると思う。いなくなったからダメなのかっていうとそうじゃないですけど、森さんがいたら少し違ったのかなって思ったりもしますね」

勤務先には、野田の競技実績を知る同僚もいて、いろいろと聞かれることもある。

「オリンピックとかどうなの？」

インターハイや国体ほか、ビッグタイトルを手にした多くのアスリートがそうであるように、野田も上り調子のときには出てみたいと心が揺れたことはある。

だが、オリンピックの話題になるたび、頭の中にいくつもの疑問符が浮かぶ。

仮の話として、仕事を辞めて、森と同じように中国または投擲の先進国でもあるアメリカで「砲丸投だけ」を目指したとする。

それでも18m到達のイメージは浮かんでこない。

指導者の方々に失礼なのは承知だが、どれだけ時間をかけても私にはできない。過去と未来の時間を思い巡らし、野田は答えを探し出そうとしていた。

「凄いことだと思って。結局……プラス4。プラス4mしないと出られない。私は14m80なので、オリンピックに出るとなったら18とか19とか必要ですよね。プラス4、もしくは5ぐらい。ここから伸びるのって、よほどの時間を費やさなきゃと思うし、やれるのであればやってみたい気持ちもあるけど……」

幾多の逡巡の中に、森の姿を探したのかもしれない。

入院して危ないというのは知っていた、二〇〇六年の夏、八月九日。二十二歳の野田は、赴任したばかりの職員室で、森の訃報を聞く。

時が止まる。連絡してきたのは後藤美穂だった。

あふれる涙を拭いながら立ち上がり、あてもなく職員室を後にした。

終章

雨雲に覆われた空の低い東京。森千夏の実家で二度目の取材を終えた私は追われるようにバス停を目指した。それが第六章をまとめる取材の一区切りでもあったのだが、思い描いていた安堵感はなく、疲労とは違うふわふわとした浮遊感があった。手にはビジネスバッグとビニール傘。

取材の間じゅう、私のフライト時刻を母親のかよ子がずっと気にしてくれていた。森千夏の仏壇に手を合わせ、あいさつをかわして玄関を出たとき、雨に気づいた両親は固辞する私に、他にも沢山あるからと言ってビニール傘を握らせた。駅まで最短で行けるバスは今出たばかりなので別ルートのほうがいいと、父親の健次が時計と時刻表を見やり、都営バスの停留所までの道順を教えてくれた。

日常生活から切り離された取材は、元来の旅行好きもあいまっていた。東京を中心に、ときには九州や東北などの各地まで足を伸ばした。真っ直ぐに砲丸投に向きあった人たちとの時間は不思議と飽きることがなかった。学生時代の先輩の影響もあり、私の記憶の片隅に居すわり続けた砲丸投という競技が、実は自分の好みにあっていることに途中で気づいた。ビュッとかシュルシュルとか空気を切り裂く振動音とともに数十m先まで飛び去って行く投擲も爽快ではあるが、声の届くところに落ちる砲丸投の飛距離が私にはわかりやすく、心地よいのかもしれない。本書に登場するプッターの方々は多かれ少なかれ、それと似たようなところがあるのだろうか。だが、自分の好みが果たして誰にとっても好きとは限らないように、砲丸投は多くの人にとって共感や同調の対象ではない。

話題を向けられた人の大多数はほぼ無関心で、砲丸投ですか?と首を傾げるのはまだマシなほう。そして、だいたいこんなことを言う。砲丸を投げるやつでしょ、知ってますよ。

しかしその「知ってますよ」には地味で見栄えのしない、やや滑稽でもある独特なスポーツ、という意味が含まれており、そこからすべらかな対話を展開することはまずない。

どんなことであれ何かを好きでいるということ、そこに居続けるということはある種の孤独をはらむ。早い段階でそこを降りる人もいれば登りつめる人もいる。

登りつめる人は、降りる人にはわからない種類の孤独を知る。登りつめるほどに濃さを増すその孤独は決して人と共有できない孤独でもある。だれしも自分の世界はきっと一人ぼっちで、そして自分の世界であるはずの何かを諦めることは、自分であるために必要な孤独を手放すことであったりもする。

森千夏はどうだったのだろう。

私は結論など持ち合わせてはいない。彼女もやはり、好きなことをやれるのはつまり、自分が自分でいられることでもあったのだと思う。森が病魔に夢を閉ざされたとき、病室で見せた荒れ狂う苛立ちは、肉体の苦しさ以上に、自分の消滅を見送る絶望だったのではないかと考えてみたりする。

森千夏がどういう人物であったのか。

人に好かれる、人間関係に苦労をしない、人徳の持ち主である、森ちゃんを嫌いっていう人がいない。人となりを問うと答えはこうなのであるが、言葉ではないところに本質は見え隠れする。病気や逝去の話題ではなく、森の競技のことや笑い話をしているとき急に声をつぐみ、込み上げるものを堪える人に何度も出くわした。おいおい急にどうしたんだと、その度にはらはらさせられた。

東京高校陸上部監督の大村邦英がこんなことを語っていた。運命ですかね。太く短くの人生。パンッと生まれて育って、病気になると義援金が集まって、盛大な葬儀をしてもらって。七十、八十生きたのと一緒、幸せなことです。「そして今も」と私のほうを向いて言うのである。「こうやって来てもらっている」。

私は初めのうち、両親に会うことをどこかで敬遠していた。私はなにを聞こうというのか。その話題に近づくことの怖さと、相反するしたたかさを自分に抱いていた。両親に会うとしてもその話はしないつもりだった。

森の両親は私が思い描いた通りの親しみやすい方々だった。一度目は闘病の話題にそれほど触れなかったし、今後も持ち出さないでいようと思った。人の死に踏み込む質問、その自信がなかった。だが書き進めるにつれ、ルポルタージュの成立に外せない、抜け落ちると着地できない気がした。

手順を踏み、失礼のないように言葉選びをしたつもりだった。人には聞いて良いことと悪いことがある。ためらいながらも、よほどの間柄ではないかぎり聞けないはずのことを思い切って口にしてみた。しかし、その話題の境界線を踏み越えたとき私は一気に動揺し、そしてうろたえた。これは聞くべきことではないと反射的に解釈した。

実の娘を失うこと。それが何であるのかまったくわかっていないことを痛切に思い知る。致命的ともいえるその事実にいやがおうでも気づいてしまう。隠そうととりつくろう自分に、激しい自己嫌悪と動悸をおぼえた。

まるで嵐のようだったという悪夢のような記憶。それでも両親は断片的なその糸をたぐり寄せ、互いの記憶をすりあわせながら誠実に答えてくれる。

今だからこうやって話せますけど、娘が亡くなって一、二年だったらまだ話せなかった。だから時期的には良いときに来てくれました。そんなふうに健次は心持を明かしてくれた。

さよならを言い森宅を辞するとき、長い通路先の階段に私が見えなくなるまで両親はずっと見送ってくれた。その都営住宅の壁の色や空気、匂いにはどこか既視感があり、私がまだ幼い子供時代を暮らした社員住宅にとてもよく似ていた。造船所の工員だった父とパート勤めの母、そして子供三人の核家族だった。私には姉と妹がいるが、姉弟の構成も森千夏のところと同じである。私が森千夏のご両親と幾度か言葉を交わすなかで感じた親しみやすさは、かつて子供の頃に見た、自分の家族模様と重なっていたからかもしれない。

コインロッカーの読み取り機にSUICAカードをかざしてスーツケースを取り出し、地下鉄の改札を抜ける。門前仲町、大門、そして浜松町からのモノレールと旅の終着まで点を繋いでいく。駅の構内や空港ロビーはどこも、夏のオリンピックの余韻を伝える、数多のグラフィックに彩られていた。どの選手も生命力にあふれ、見とれるほどに美しかった。二〇一二年のロンドンオリンピックで日本は、多くの競技種目で至上最多となるメダルを得ていた。

だが、オリンピックといえば陸上競技という感じが私はする。

「人類最速」というアナウンスひとつに心は躍る。「人類」と括られる競技。約七十億人にのぼる全人類で最も足の速い人。最も遠くに跳べる人。最も遠くに投げる人。

メインスタジアムで行われたオリンピックの顔ともいえるその陸上競技で日本は、どうひいき目にみても厳しかったが、それから四年後、二〇一六年のリオデジャネイロオリンピックで男子４００ｍリレーが銀メダルを獲得。日本チームがアメリカを凌いでジャマイカに迫り、まるで魔法のようにバトンが運ばれていく様は、現実味を欠くほどの衝撃と興奮に包まれていた。

その驚きの一因には、個人成績とのギャップも含まれていた。９秒台に近い選手を揃える過去最強と呼ばれた陣容とはいえ、個人種目ファイナリストは日本チームにはいなかった。人種のもつ野性味、先天的身体能力に勝る海外のファイナリストたちと個人種目を対等に渡り合うまで、時間がもう少し必要なのだろう。特に女子選手は男子以上の隔たりが露呈していた。

森千夏が生きていれば果たしてどうだったのだろう。

第六章で述べたように、北京、ロンドンとオリンピック女子砲丸投で連覇するバレリー・アダムスは森が出場したアテネオリンピック八位の選手で、このときの記録が18ｍ56。当時森が出した日本記録18ｍ22とは34センチの差であった。驚異的な伸びをしていた森からすると、アダムスと同等の伸び率は十分に考えられる。アダムスはさらにリオデジャネイロオリンピックにも出場。三連覇目前の最終投擲で逆転をゆるしたものの、銀メダルを獲得した。

四十歳まで競技を続けたい——森千夏はそう話していた。それは二〇二〇年に開催が予定されている東京五輪の年にあたる。思い描いた夢の可能性。彼女なら本当に何とかしたのではないか。

二十六歳二か月と二十日。

森千夏の人生はあまりに短いが、まっとうした人たちの人生もまた、そんなに長いものなのだろうか。迷っているうちに、見ようとしないうちに、何かをすることの有効年齢は急速に失われていく。四十数年を生きた私がすでに見ることのできなかったもの、通り過ぎていったもの、たどりつくことの叶わないもの。人生はいつも一方通行で、どんなに望んでも逆戻りはできない。

こうして文章にすることで彼女の生きた証が少しでも人の心に生き続けること。生き続けるとは、形を変えて人が育つことでもあると思う。そして、何かが育つのはやはり優れた指導者がいることでもある。

うかうかしている暇はないよ。森千夏が元気あふれる笑顔でそう言っているような気がした。

山田 良純（やまだ よしずみ）

1969年広島市生まれ。大学を卒業後、20代はさまざまな職を転々とし、資金を貯めてはカヌーで川下りをした。ノアタック川（アラスカ）、ユーコン川（カナダ）、ワイアウ川、ワンガヌイ川、ワイラウ川（以上ニュージーランド）などを下る。宇根洋介（元NTT西日本-中国）、河井昭時（元広島）、野村祐輔（広島）、小林誠司（巨人）らを取材し、その高校時代を綴った『Rの輪　広陵野球の美学』（南々社）で第21回ミズノスポーツライター賞優秀賞を受賞。他に『日本一の準優勝　広陵・夏の甲子園2007』（南々社）。帯広市立中学校教員。

18ｍ22の光

二〇一七年一二月二六日　初版第一刷発行

著　者　山田 良純
発行者　西元 俊典
発行所　有限会社 南々社
広島市東区山根町二七－二　〒七三二－〇〇四八
電　話　〇八二－二六一－八二四三
ＦＡＸ　〇八二－二六一－八六四七
振　替　〇一三三〇－〇－六二四九八

印刷製本所　モリモト印刷株式会社

ISBN978-4-86489-070-0